解讀易經的奧祕 卷三

人人都不了了之。

風靡中國十億人口
知名大師

曾仕強
教授◎著述

國家圖書館出版品預行編目資料

解讀易經的奧祕. 3, 人人都不了了之 /
曾仕強 著. 陳祈廷 編著. -- 初版. -- 臺北市：
曾仕強文化, 2014.06
面；　公分
ISBN 978-986-89499-4-2（平裝）
1.易經　2.研究考訂
121.17　　103009938

解讀易經的奧祕・卷3

人人都不了了之

作　　者	曾仕強
發 行 人	廖秀玲
編　　著	陳祈廷
總 編 輯	陳祈廷
管 理 部	吳思緯
行 銷 部	邱俊清
主　　編	林雅慧
編　　輯	李秉翰
出 版 者	曾仕強文化事業有限公司
地　　址	台北市中正區重慶南路一段57號8樓之14
服務專線	＋886-2-2361-1379　＋886-2-2312-0050
服務傳真	＋886-2-2375-2763
版　　次	2023年1月二刷
I S B N	978-986-89499-4-2
定　　價	新台幣550元

【作者簡介】

曾仕強 教授

英國萊斯特大學管理哲學博士、台灣交通大學教授、興國管理學院首任校長、台灣師範大學教授、人類自救協會理事長、新人類文明文教基金會榮譽董事長。

曾教授學貫古今，數十年來醉心於中華文化和西方現代管理哲學之研究，在國學、企管、哲學、教育等諸多領域上，皆有極高深的造詣。三十年前，世界五百強企業尚無中國企業能躋身其間，曾教授便已洞察趨勢，率先提倡「中國式管理」學說，被譽為「中國式管理之父」。迄今，曾教授已巡迴全球，完成逾五千場以上之演講，為臺灣生產力中心調查「最受企業界歡迎的十大講師」之一。

近年來，曾教授應大陸中央電視台邀請，至「百家講壇」欄目，主講「經營之神胡雪巖的啟示」、「易經與人生」等主題，收視率勇奪全國之冠；二〇〇九年主講「易經的奧祕」系列；二〇一一～二〇一二年主講「易經的智慧」、「點評三國演義」；二〇一二年主講「道德經的奧祕」、「道德經的玄妙」，內容風靡全中國，不僅掀起一股國學復興浪潮，更被評選為第一名的國學大師。

曾教授著作有：《易經真的很容易》、《易經的乾坤大門》、《易經的中道思維》、《生無憂而死無懼》、《中國式管理》、《總裁魅力學》、《樂天知命的無憂人生》、《修己安人的領導魅力》、《為官之道》、《道德經的奧祕》……等數十本，其中《易經的奧祕》一書銷售量已突破五百萬冊，高居台灣與大陸各大書店文史哲類暢銷排行榜總冠軍。

前言——代序

《易經》的最後一卦，表面上看起來是未濟（䷿）卦，實際上，應該是既濟（䷾）和未濟（䷿）兩個卦同時並列。這種情況，和乾（䷀）、坤（䷁）兩卦並列，同屬《易經》第一卦的道理，有著異曲同工之妙。

因為既濟、未濟，和乾、坤一樣，都是一體的兩面。乾（䷀）卦看似六爻皆陽，是純陽卦，實際上卻是陽中有陰。就好比男性的體內，同樣蘊藏著女性荷爾蒙，也有隱性的陰，存在於其中。否則，乾卦憑什麼到了上六，就可能產生「亢龍有悔」的結果？陽極成陰，便是在陽剛之中，早已潛藏有陰的因子。

乾卦的二、五兩爻，和坤卦的二、五兩爻，進行交易，就會形成坎（䷜）卦和離（䷝）卦，分別象徵「水」和「火」。「乾、坤、坎、離」分居「南、北、西、東」四個正位，代表「天、地、水、火」，成為人類生活中至關重要的四大資源，缺一不可。

我們把天地合稱為「天」，具有「元、亨、利、貞」四種美德，構成我們人類的倫理基因。使我們的善性，得以代代相傳。即使學校教育並不重視，也能夠持續地傳承下去。

「離」代表太陽，由「東方」升起。「坎」代表水，對樹木的成長和金屬的開採，有著極大的助益。一江春水向東流，表示中原的河流，大多是由西向東，所以把坎卦安置在「西方」。「離」為東，代表著人類的文明，發光發熱。「坎」為西，象徵著我們所使用的資源，多是以金屬和木材為主。因此，用「東西」兩字，來稱呼我們常用的器物，人類文明歷程中所製造出來的產品，實在是非常恰當。

《易經》分成上下兩部分，上經從乾（䷀）、坤（䷁）、屯（䷂）、蒙（䷃）、需（䷄）、訟（䷅）、師（䷆）、比（䷇）、小畜（䷈）、履（䷉）、泰（䷊）、否（䷋）、同人（䷌）、大有（䷍）、謙（䷎）、豫（䷏）、隨（䷐）、蠱（䷑）、臨（䷒）、觀（䷓）、噬嗑（䷔）、賁（䷕）、剝（䷖）、復（䷗）、无妄（䷘）、大畜（䷙）、頤（䷚）、大過（䷛）到坎（䷜）、離（䷝），總共三十卦。提醒大家：「乾、坤」象徵「天、地」。有了天地，然後才能產生萬物。一切事物的始生，都是經歷了相當程度的危險和困難。

「屯卦」代表母親的孕育艱難，我們只知道過生日，歡樂慶生，卻忘記了這一天其實是「母難日」。嬰兒生下來之後，什麼都不懂，亟待啟蒙。「蒙卦」教我們認識自然，效法自然，也要妥善運用自然。懂事之後，接著產生各種需要，即為「需卦」。資源不足，難免供需失調，引起訴訟。爭訟太甚，導致團體的對抗，與師問罪，這就是「師卦」。

眾人聚集成師，需要親比的力量，「比卦」象徵上下親和，團結產生力量。只要不打仗，人們便有餘力可從事畜牧漁獵的活動，因而有了小小的畜積，稱為「小畜」。由小富而大富，就需要祭祀。「履卦」象徵遵循禮制以實踐天道。實踐得宜，自然平安，進入泰順之境的「泰卦」；否則上下溝通不良，無法協調，便成為「否卦」。

想要解除閉塞的障礙，需要「同人」互助合作。「同人」象徵善與人同，在求同存異中，保持和而不同的君子風度。能夠善與人同，萬物必然歸附，形成

「大有」。此時最要緊的，是要謹守「謙卦」的謙讓精神。大有所得而又懂得謙虛禮讓，必然心中悅樂。「豫卦」象徵預備妥當、預測未來，因而心中歡愉。悅樂就有人隨順，「隨卦」隨人，也要能夠順應自然。

　　如果只是一味存心討好，便會滋生事端。「蠱卦」象徵受到迷惑，而胡亂跟隨他人腳步，顯然有失周全考慮，以致擾亂了自己原本的心境。現代很多人常以「粉絲」、「追星族」自居，更應該以此卦為鑑，自我反省，提高警覺。蠱惑風氣盛行，必然就要有人出來匡正惑亂。「臨卦」象徵親臨視事，以大德大譽，配合高度的親和力，達成可觀的轉化。「觀卦」象徵內心和外物的互動，能夠見微知著，而又具有觀賞的藝術修養。遇到疑難時，必須用心反省，盡全力加以排除。「噬嗑卦」表示英明果斷，把食物中所含的堅硬東西吐出來或者咬斷，以求能夠上下相合。然而，事物不應該苟且相合，英明果斷之外，還要能夠配合撫平創傷。「賁卦」象徵文飾若是到了極致，勢必由亨通趨於窮盡，呈現出剝落的景象。

　　「剝卦」象徵表層的剝落，必須妥為修繕，以恢復原有的面貌。「復卦」便是修復的工作，有東山再起的新氣象。恢復時大多不敢隨意妄為，「無妄卦」提醒大家不要隨意妄為，才能夠畜積大德，以求永保豐盛，成為「大畜」。大畜之後，於是大家開始重視保健，企求頤養天年。「頤卦」象徵養心志重於養口體，不能因為口腹的滿足，而犯下了大過。

　　凡事只要太過，就必然不合理。「大過卦」提示我們日子太好過，就很容易為非作歹。最好能夠加以合理節制，以求心安。因為現實生活當中，充滿了無數艱難險阻，有待我們努力克服，用心超越。生活但求小康，就可以把更多心力投注在學習如何保險、避險和脫險。「坎卦」的用意，即在於把困境當做人生的挑戰，從危險中激發我們的智慧，用以創造光明的前程。「離卦」實際上是人類創造文明的重要依據，《易經》中有關文化和文明的內容，都是從離卦變化而來。「離」象徵光明，也具有附著的意義。木材燃燒發出火光，火光附著在木材上面。一旦木材燒盡，火光沒有木材可以附著時，也就會自然地熄滅了。現代人救火，也經常採用隔離法，把火場四周都隔離開來。就這麼一塊火場，燒完了無所附著，便會自動熄滅。

猶如火光附著於木材般，人類的文明，也必須附著在倫理道德的層面上。現代科技只重視創新，熱衷於保護智慧財產權，卻嚴重輕視倫理道德的價值，甚至認為兩者並不相干，毫無關聯。濫用科技的結果，使人類短暫享受到物質生活的便利，卻難逃末路窮途，遭受滅絕的厄運。

《易經》以坎、離為界，分上、下經。下經由咸（䷞）、恆（䷟）開始，到既濟（䷾）、未濟（䷿），共有三十四卦，提醒我們「人類有良好的感應，可以憑良心來悟天道」。只要「大家憑良心、時時立公心，自己先力行」，人類的文明必然光明燦爛，而又正大合理。可惜人類愈來愈相信口頭的溝通，愈來愈忽視心靈的默契。倡導透明化、公開化，一切要說清楚、講明白，以致溝而不通，感情反而難以恆久。主要原因，即在人類具有偏道的傾向，不是偏東，就要偏西，搖擺不定。現代人能動不能靜，一心追求快速，很難體會坎卦在離卦之前，表示上天安排各種艱難險阻，原本是警示人類必須正心、誠意，時刻不離正道，才能夠放心地創造文明。把人類的創造力，自主性，加上豐富的人情味，使人類時刻不忘理智的重要。以理智指導感情，才能避免因為感情用事而偏離中道。不幸的是，大多數人在嚐到甜頭之後，便會開始得意忘形；而在遭遇困苦之際，又只會怨天尤人，不知自我反省。如此一來，使得人類自作自受，難逃既濟、未濟的循環往復，周而復始的惡運，可說是完全咎由自取，必須自行承受。此時最好能夠妥善調整心態，以求合理因應。

從乾、坤、坎、離之中，可看出上天有好生之德，提供我們這樣有利於生存、孕育、發展的環境。人類具有天賦的創造性和自主性，這點不但人人皆知，而且也盡力地加以探索、開發、利用。然而，人類潛在的善良德性，卻愈來愈不明顯，甚至有人對此質疑，大膽提問：「究竟良心值幾個錢？」又妄言好心不得好報，氣節養不活人，導致社會風氣敗壞，人人難以得到安寧。

幸好科技再發達，也還不能決定人的生死；醫藥衛生再先進，也只能「醫生才，病人福」，誰也不敢保證治療效果。人人都不了了之，古今中外無一例外。我們由既濟和未濟的啟示，深入剖析其中的道理，從「求得好死」、「不得好死」；「不以成敗論英雄」、「勝者為王，敗者為寇」；「人算不如天算」、「人定可以勝天」這些看似互相矛盾，實則彼此互相呼應的諺語中用心領悟，把「不了了之」當做人生常態，以「慎始善終」、「死得心安理得」、「但求心無愧怍」來妥善因應，以期達成「圓滿人生」的共同願望。

尚懇各界先進朋友，不吝賜教是幸。對於古聖先賢，當代高明賢達，提供非常豐富寶貴的資料和事迹，尤為衷心敬仰，並且萬分感激。

曾仕強 謹識於台灣師範大學

編者序

《易經》可分為「上經」與「下經」兩部分。「上經」始於乾、坤，而終於坎、離；「下經」始於咸、恆，而終於既濟、未濟。坎為水，離為火；水火既濟，火水未濟——從卦象中可發現，無論是坎、離，或是既濟、未濟，都與水、火脫離不了關係。

水是風險、艱難、險阻的象徵，而火是壓力、煎熬、淬鍊的化身。人生這條大道，總是離不開水深和火熱，有時是從水深奔向火熱，有時又從火熱投入水深，有時甚至是水深火熱同時出現，讓人心力交瘁，倍感煎熬。在面對艱難險阻，承受各種壓力之際，最為正面積極的態度，莫過於「向苦難學習，以挫折為師」，利用種種艱難險阻，來鍛鍊一己的心志，若能擁有這樣的上進心態，便能收「自天祐之，吉无不利」的良好效果。

既濟離下坎上，有如水在火上，能順利把水煮沸，引申為完成任務，大功告成；未濟坎下離上，水火不交，引申為無法完成任務，嘗到失敗苦果。但事實上，既濟、未濟互為錯卦，既濟中有未濟的影子，未濟中也有既濟的因子，所以曾教授建議我們：「將未濟視為既濟的前奏，將既濟當成未濟的起點，」如此一來，「既濟、未濟全都掌握在自己的一念之間，這就是『心易』的功能」——用心改變自己的行為和態度，一旦想法、做法有所調整時，命運也將隨之轉變。

本書中，曾教授藉由「坎、離」與「既濟、未濟」這四卦，剖析「水深火熱」的人生奮鬥歷程，以及「不了了之」的人生共同宿命。「不了」是「未濟」，「了之」是「既濟」。用未濟的心情，來面對既濟的成果，更能讓我們明白不驕不亢、功成不居的道理。人生在世，總會歷經無數次既濟、未濟的循環，每一次的完成，就是另一次的開始。「慎始善終」，是最為圓滿的人生途徑，一開始就慎重選擇，第一步就邁向正途，時時刻刻不忘進德修業，隨時做好修正與調整。盡人事以聽天命，無論人生最終結果如何，必然都能心安理得，毫無愧怍的「不了，了之」。

曾仕強文化總編輯　陳祈廷

目錄

《第一章》

易經
為什麼分成上下？

上經三十卦，自乾坤到坎離，
主要在闡明天道自然的規律。

下經三十四卦，由咸恆到既濟未濟，
提示人道的艱難險阻，必須加以思患預防。

聖人看天下物，皆成兩片，
天道和人倫，都是不能偏忽。

上經以坎離向人類示警，
水火無情，必須妥善加以處理。

下經以既濟在先，而未濟在後，
告訴我們任何成就，都有可能留下後遺症。

君子思患預防，不求有功但求無過，
值得急功好利的現代人，多加警惕反省。

一．伏羲畫卦符合現代科學

科學昌盛是我們這個時代的特徵，自然科學在人類社會當中，扮演著舉足輕重的角色。我們相信一切的物質，都是由原子構成。而所有的原子，都在轉動。因此推知，一切的物質都會轉動，而且很有秩序，可以說是有規律的轉動。主宰轉動的力量，既不是神，也不能是人，而是我們稱之為宇宙的力量，也就是自然規律。人類的生存，離不開這個力量，卻又不知它是從何而來。當年伏羲氏用「一畫開天」，透過一個十分簡單、明瞭的符號（⚊）來加以表示。

伏羲氏認為宇宙只有一個，支配宇宙的力量，應該也只有一個。否則宇宙就會分裂，變成兩個或好幾個。一切的一切，都在這力量當中變幻旋轉。〈繫辭・下傳〉說：「易之為書也，不可遠，為道也屢遷，變動不居，周流六虛，上下无無，剛柔相易，不可為典要，唯變所適。」告訴我們：《易經》是一部經世致用的書，不可以遠離它而不用。《易經》所體現的道理，就是不斷地推移運動，永遠不止息地變動，「這種變動周遍地流行於每一卦的六爻之間」，或向上或向下，並沒有一定的法則。陽剛與陰柔也互相變易，不能夠拘泥、固執於某一定規，只能依照適合的方式不斷地變化。

現代物理學，證明了有物質即有反物質，有宇宙便有反宇宙。一正一負，和當年伏羲氏一分為二，分陰（⚋）分陽（⚊），完全相合。一分為二，二合為一，也就是我們所說的「一之多元」——既非一，也不是多；既是一，也是多。西方哲學界爭執數千年的「一元」、「多元」，實屬多餘。

太極（━）→ 一畫開天（━）

主宰宇宙的力量，
既不是神，
也不是人，
而是自然的規律。
人類一直離不開它，
卻又不知道它從哪裡來，
無以為名，
勉強稱之為「太極」，
或者叫做「道」。

符合科學研究的結果

一切物質，
都由原子構成。
所有原子，
時時都在轉動。
一切物質，
都在轉動，
而且很有秩序，
十分有規律。

二。聖人看天下物皆成兩片

在愛因斯坦提出著名的「相對論」之前，科學家把宇宙描繪成一個含有「物質」與「能量」這兩種性質不同元素的容器。「物質」有實體，有惰性，也有質量；「能量」是活動的，肉眼看不見，而且沒有質量。愛因斯坦證明「質」與「能」是可以互變的：質就是能，能即是質，不過是一時的狀態有所不同而已。如果「物質」釋放出質量，以光速運動，我們就把它叫做「能」；反過來說，若是「能」凝結起來，呈現出另一種形態，我們就稱之為「物質」。合起來是一，分開來便成為二。

伏羲氏當年缺乏科學語言，難以說出：「宇宙間無數的物質所產生的引力，構成無限的紛亂和複雜。在這紛亂和複雜當中，藉由向心力和離心力這兩種主要的力量，結合成一個有秩序、有軌道的運動。」這樣的話語。但是，他卻更簡易地畫出了陰（⚋）、陽（⚊）兩個符號。以陰代表物質，以陽表示能量。天充滿了能量，所以乾（䷀）為純陽；地充滿了物質，因此坤（䷁）為純陰。陰能變陽，陽也能變陰。聖人看天下的事物，都成為兩片，也就是陰和陽。

按照原子構造說，每個原子都具有陰、陽兩極。核心（內部）是陽，成為陽子；遊星（外部）是陰，即為電子。陽子在內有向心力，電子在外有離心力。宇宙的秩序，便是由陰、陽所推動的向心力和離心力，來維持動態的均衡。陰陽兩極均衡，電流沒有落差，才能安定。然而愈接近核心，陽的成分就愈多；愈遠離核心，陰的成分就愈多。而易理也是如此，卦爻變化無常，必須隨時找到當時最合適的方式，以求得動態均衡。

易理	V.S.	現代科學
萬物由陰、陽構成。		宇宙有物質也有能量。
陰極生陽，陽極生陰。		質能互變。
陰、陽代表作用和反作用。		向心力和離心力互相拉扯。
易與天地準。		科學研究天地的自然規律。

我們沒有說伏羲氏比愛因斯坦聰明，
只是說有智慧的人，看法大致相同。

三。上經重天道下經重人倫

宇宙的一切，都在轉動，而且有軌道，也有規律。依據物理學的原則，物體的運動，應該是直線的，但是物與物之間，因為有引力的互動，使直線運動變成了拋物線運動，再由拋物線運動，變成了橢圓形的運動。有一定的速度和一定的周期，形成了宇宙的自然秩序。看似雜亂無章，實際上則井然有序，我們稱之為「亂中有序」，這種現象隨處可見。

周文王六十四卦序，由乾、坤兩卦拉開序幕，然後屯（ㄓㄨㄣ）、蒙、需、訟、師……一直發展到既濟、未濟，可說是一個大的橢圓形。接著，仍然由乾、坤再度展開循環，形成下一個大的橢圓形。以乾、坤為始，而以既濟、未濟為終，構成特大的橢圓形，實在是最大的周流。

如果把範圍縮小，分成天道和人倫，畫出兩個橢圓形，也符合聖人「一分為二」的原則。從乾、坤到坎、離，一共三十卦，列為「上經」。乾卦象徵天，坤卦象徵地。有天地，然後產生萬物，接著屯（ㄓㄨㄣ）、蒙、需、訟、師……一直到坎、離，所重者在「天道」。從咸、恆到既濟、未濟，總共三十四卦，列為「下經」。人類有男女，然後才有夫妻。咸卦象徵夫妻，有了夫妻，接著才產生父子、君臣、兄弟、朋友等關係。能夠超越常情，才足以成大事，聖人用既濟卦來闡明其中的道理。但是萬物不可能有窮盡，所以接下來是未濟卦，象徵天道的循環不已，人事的無窮無盡，也就是生生而不息。

上經、下經，不過是「一分為二」。實際應用的時候，仍然是上下經合在一起，也就是保持「二合為一」的精神。

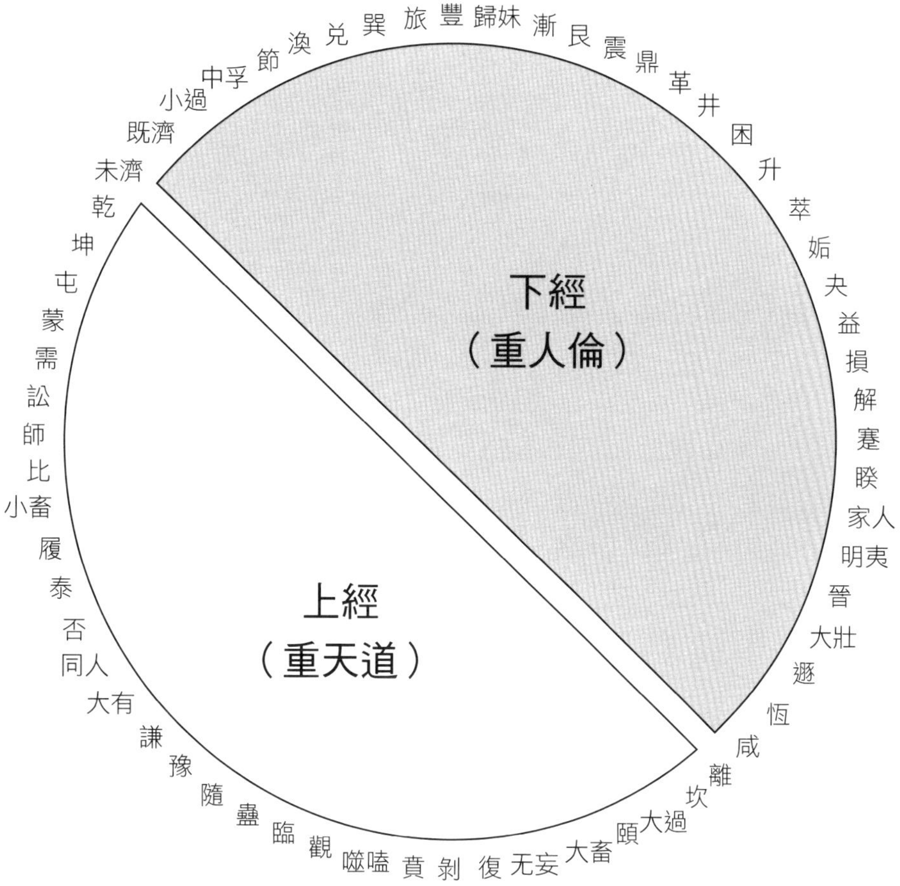

上經、下經一分為二，二合為一

四、天道以坎離向人類示警

八卦代表八種自然物質：乾為天、坤為地、坎為水、離為火、震為雷、巽為風、艮為山、而兌為澤。天地間如果沒有水火，人類便無法生存，文明也不可能開展。水是人類生存所必需的資源。在地球表面，水的面積遠遠大於陸地，但是「水能載舟，亦能覆舟」，水患往往帶來極大的危險，奪取很多人的生命和財產。人類生存離不開水，而文明發展則離不開火。我們能夠從生食進入到熟食，冶鍊出各種金屬製作器具，全都有賴於火的功能。然而水火無情，許多人生活在水深火熱之中，也是大家無法輕忽的事實。

坎、離由乾、坤卦演變而來，乾卦（䷀）的九二爻和九五爻，進入坤卦，取代坤卦（䷁）的六二爻和六五爻，便成為坎卦（䷜）。坎為水，坤為地，乾為天。天上（☰）的雲霧，受到寒氣的影響，變成雨水，降落到地上（☷），在地的中間，形成一條水流，便是我們常見的河水（☵）。所以地（☷）當中動，即為水（☵）。坤卦（䷁）的六二爻和六五爻，取代乾卦（䷀）的九二爻和九五爻，便成為離卦（䷝）。離為火，乾為天，坤為地。乾代表能量，坤代表物質。物質燃燒起來，產生火的熱能。所以天空（☰）中燃燒造成的火光，即為火（☲）。既濟（䷾）和未濟（䷿），由坎、離演變而成。離下坎上為既濟，坎下離上即未濟。天道的主要因素，是天、地、水、火，也就是乾、坤、坎、離。人倫的成敗，則端視人類如何處置水、火這些資源？處置合理就是既濟，否則便是未濟。由此可見，上經和下經的劃分，實在是以「人」為主，這帶給人類很大的啟示。

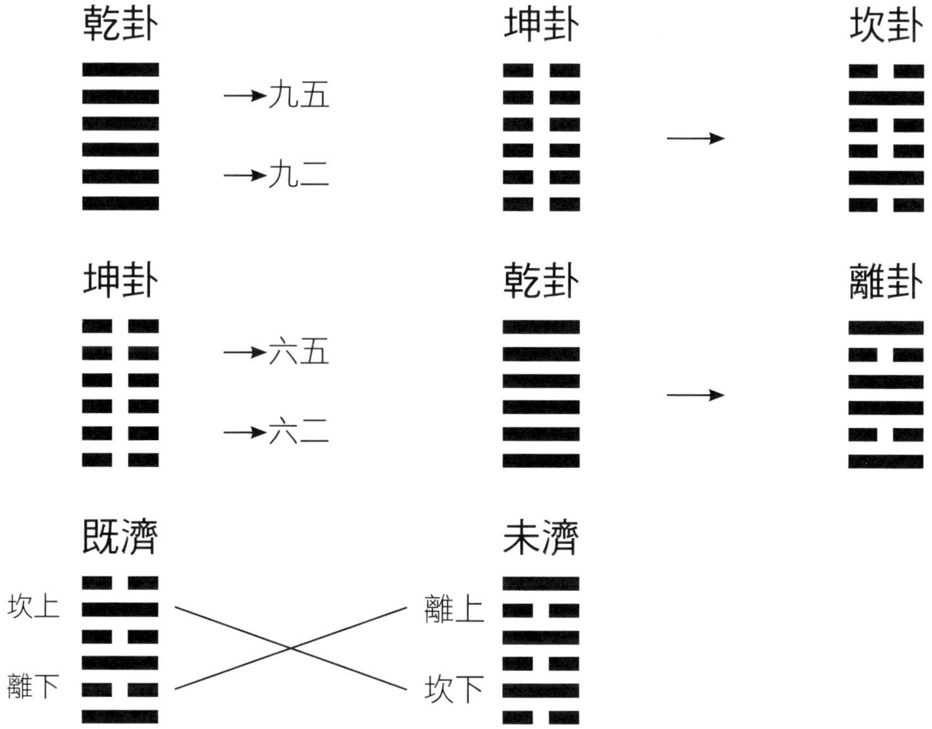
乾卦
九五
九二
坤卦
坎卦
坤卦
六五
六二
乾卦
離卦
既濟
坎上
離下
未濟
離上
坎下

五、水火無情必須妥善處理

乾、坤、坎、離、震、巽、艮、兌這八個基本卦，除了乾、坤兩卦屬純陽、純陰之外，其餘六卦，都是由同樣的卦重疊而成。坎與坎相重，成為坎卦；離與離相重，即為離卦。其餘震、巽、艮、兌四卦，皆可依此類推。

坎卦卦辭：「習坎，有孚，維心亨，行有尚。」

「習」的意思有三：一為重複，表示坎下坎上，重疊而成；二為反復練習，由於險象重重，必須逐一安全脫離，才能獲得真正的安全；三是安之若素，不憂不懼，務求因勢利導。坎的九二和九五兩陽爻，陷入陰爻之中。陰包陽，有如人掉入水中，有滅頂的危險。人生不如意事，十常八九，所以要重複練習從險境中脫困的技巧，以期能夠安身立命，不憂不懼。「孚」是誠信，坎卦外陰內陽，表示剛正在內。剛正是誠信的元素，所以「有孚」。維繫心志的堅定、正當，才能夠履險如夷，獲得亨通。這樣的行為顯得相當高貴，值得崇尚。

離卦卦辭：「離，利貞亨，畜牝牛，吉。」

火代表光明，離象徵火附著於被燃燒的物質之上。人也是一樣，必須附著於精神和物質之上，才得以生存發展。元亨利貞四德，離有其三。然而排列的次序，卻是以「利」字當先，然後才是「貞亨」。表示離卦的六二、六五都是陰爻，心術大多不正，多半是附著於邪利之上。所以特別提醒大家：必須附著於正利，才能亨通。牛的力大可以任重，而牝牛性情柔順，所以卦辭勉人學習牝牛的柔順任重，先培養自己的忠貞情操，然後再擔負重任，自然吉祥。

綜言之：水火無情，端賴人的妥善運用，才能發揮良好作用。

習坎 29 ䷜

- 乾 ䷀ 下乾☰上乾☰，稱為「純陽卦」。
- 坤 ䷁ 下坤☷上坤☷，稱為「純陰卦」。
- 坎 ䷜ 下坎☵上坎☵，為坎☵的重複。
- 需要反復練習，才能不憂不懼，所以稱為「習坎」。

人生險阻重重，必須秉持誠信，堅定心志，才能脫險。

離 30 ䷝

- 離 ䷝ 下離☲上離☲，為離☲的重複，也應稱為「習離」。
- 由於坎卦已經加上「習」字，所以省略，直接稱為「離卦」。
- 六二、六五都是陰爻，心術大多不正，很容易附著於邪利。

必須附著於正利，才能亨通。

六、既濟未濟全在一念之差

既濟（䷾）下離上坎，象徵水在火上。我們燒開水時，以壺裝水放置火上，利用火的熱能向上傳遞熱度，使水沸騰。把水燒成開水，便是既濟，意思是把事情順利辦成。

既濟卦辭：「既濟，亨小，利貞，初吉，終亂。」

既濟表示一切既然已經完成，告一段落，這時就應該趕緊調查，看看是不是還有人尚未安頓、還有事尚未完成？「亨小」是不能取大的卻忽略小的，否則便不能算是既濟。不論是渡人或成事，都必須大小兼顧，而且還要遵循正當的途徑，不能走邪門歪道。「利貞」是堅守合理正當的操守，才能有利。一切完成之後，大小平安，難免得意忘形，所以說「初吉終亂」，用意在提醒我們：不可為了小成就而得意洋洋，以免招惹大後患。

未濟（䷿）下坎上離。坎為水，水性向下；離為火，火性向上。水在下而火在上，兩者不相接觸，所以無法完成烹煮任務。「未」是否定詞，「未濟」即尚未完成、無法完成，和既濟恰好相反，成為火水未濟，警示我們：一切的成就，都不了了之。所以卦辭說：「未濟亨，小狐汔濟，濡其尾，无攸利。」

為什麼既濟亨，未濟也亨呢？因為既濟是眼前亨，而未濟是日後亨，不過是時間的先後有所不同。初六居於坎下，稱為「小狐」，由於體小力弱，尚不能渡河，必須等水乾涸之後才能渡過。「汔」是幾乎、快要渡過的時候，還是免不了沾濕尾巴，所以不能上岸，沒有好處。一個人徒有濟世的心意，卻缺乏濟世的才能，到頭來還是無法成功，令人惋惜。思危防患，是既濟和未濟的一念之差。

未濟 ䷿	v.s.	既濟 ䷾
未濟指待時而濟，並非不濟。		既濟指一切完成，告一段落。
未濟眼前不亨，日後卻可能亨。		既濟目前亨，日後很可能不亨。
小孩渡不過，何不等待長大？		大人都已經渡過，不能漏掉小孩。
有決心但缺乏才能也沒有用。		必須遵守正當原則，行正道。
水在火下，開水燒不成。		水在火上，開水燒得沸騰。
不可灰心喪志。		難免得意忘形。
思危防患，要充實自己的才能。		思危防患，要保持警惕小心。
若不用心，永久未濟。		若不用心，終久未濟。

我們的建議

1 中華文化以人為本，所以天道的自然規律，都需要人來體會、歸納、描述和實踐。《易經》分為上經與下經，上經闡明天道，下經重在人倫。必須天人合一，才能合理而和諧。

2 天、地、水、火，是人類最重要的生存資源。妥善運用水、火，創造出光明燦爛的文化，是全體人類的共同目標。若是不依循正道，不能合理運用，所謂「水火無情」，很可能使辛苦累積的成果毀於一旦，全部淹沒殆盡。

3 坎代表水，即使精於游泳者，也難免發生溺水意外，足可見其險惡。我們常以水代表財，用意在警示大家：君子愛財，也應該取之有道，以免帶來凶險，非但無法留住財，有時甚至連命都保不住。

4 離是火，象徵人類的文明。火必須附著於物，才能燃燒。一旦附著物燒盡，火也將隨即熄滅，所以有隔離的作用。火雖然美麗，卻難以持久，啟示我們：愛美之心，人皆有之，但也應該多多充實才能，否則一旦人老珠黃，無才無能，豈不是要流落街頭？

5 既濟、未濟，都是好事一樁。已經完成的，用不著過分高興，以免得意忘形；尚未完成的，不必灰心喪志，只要努力不懈，堅持正道，未來永遠都是光明的。

6 要做一件事情之前，必須先考慮會不會產生哪些後遺症？千萬不要急功近利，想到便做，以免招來嚴重後果，讓自己心生後悔，甚至讓後人也傷透腦筋，無法解決。

《第二章》

習坎六爻
有哪些啟示？

人生是學習的歷程，活到老學到老，
艱難險阻全都是磨練心志的最佳良方。

坎卦六爻，初六和上六皆凶，
二、三、四、五爻在險中，反而不言凶，

警示我們初入社會，不要鋒芒畢露，
即使歷經苦難，也不能知法犯法，甚至玩法。

漩渦中的漩渦，水面上看不見，
危機四伏，對人的傷害程度也最大。

向苦難學習，是避苦離難的最佳保障，
多難尚且可以興邦，何況是個人與家庭。

吃得苦中苦，方為人上人，
坦然面對艱難險阻，勇於承受各種壓力，值得！

一。初六不當位避免險中險

習坎（䷜）坎下坎上，表示險中有險。象徵人生闖過一個難關，緊接著又要闖下一個難關，遭遇重重艱難險阻。

初六爻辭：「習坎，入于坎窞（ㄉㄢˋ），凶。」

「習」是不斷地學習，以期熟悉水性。勤於和水互動，雖然水中有險陷，也能安之若素。「習坎」也可以說是重重的險陷，「窞（ㄉㄢˋ）」指坎中的小穴，也就是漩渦中的漩渦、陷中之陷。初六位於坎下的始位，以陰居陽位，並不當位；又與六四，也就是坎上的始位，同樣是陰爻，也不相應。初六有如剛剛學習游泳的人，最害怕漩渦中的漩渦，因為具有強大的吸力，很容易就會把人給吸進去。初六陷入漩渦中的漩渦，六四又救不了他，失正而凶，實在難以自拔。

小象說：「習坎入坎，失道凶也。」

初六習坎，原本是想練習如何化解險陷，可是現在卻陷入水底的漩渦，當然十分危險。這種不自量力的表現，就好像年輕人剛進入社會，便自視甚高，認為一切困難都能輕鬆過關，沒想到反而遭遇困境。眼高手低，令人捏一把冷汗。

初生之犢不畏虎，年輕人好比剛出生的小牛，由於不知道危險，而不懼怕老虎。剛學習游泳的人，因為缺乏經驗，而膽大如斗。這種態度好不好？答案是「合理就好」。「失道凶也」，並不是單方面的判斷，應該和「不失道便不凶」合起來思考。卦辭所說的「有孚」（誠信）、「維心」（心志堅定，專心），便是良好的習坎之道。把險陷當做磨練，事前做好萬全的準備，如此一來就不凶；若是完全不加理會，抱持僥倖心理恣意妄為，有失正道，那就凶了！

習坎 29 ䷜

初六，習坎，入于坎窞ㄉㄢˋ，凶。

年輕人初入社會，總是希望能在最短的時間內，
自我表現，讓大家都知道自己的厲害，
於是便透過言語和行動的鋒芒，來引起眾人注意。
殊不知，言語上的鋒芒，容易得罪旁人，
行動上的鋒芒，往往招人妒忌，
相當於剛剛學習游泳，就陷入了漩渦中的漩渦，
此時如果無法堅定意志，不能把艱難險阻當做磨練，
不知充實自己，不求善補過，那就必然有凶了！

少年慎擇師，千萬不可以胡亂學習。

二、九二小心謹慎可保无咎

坎卦（䷜）九二爻辭：「坎有險，求小得。」

九二以陽爻居陰位，不當位。一陽陷入上下二陰之中，象徵身陷坎險而難以脫離。幸好九二居中，有主見，陽爻剛健，能夠腳踏實地，小心謹慎。若是只求小得，而不貪求大得，應該可以安全脫離險境。「求小得」的意思，是求鄰近的初六或六三。由於初六、六三都是陰爻，陰為小，所以說「求小」。如果要「求大」，目標就是放在九五上面。但是九二與九五並不相應，強求反而不好。捨近求遠，遠水也不一定救得了近火。何況若是能夠得到初六的救援，就證明九二平日關懷部屬，不因為初六年輕不懂事，鋒芒畢露就看不起他，反而能夠給予關懷和教導，這時候相求，初六必然會十分熱心地前來救援。

通常陰爻在陽爻之下，稱為「陰承陽」，初六承九二，以陰柔的力量承助原本剛健的九二，當然有所得而善。至於六三，以陰柔乘陵在下的九二，為陰乘陽，柔乘剛，通常逆而劣，不容易獲得支援。初六雖然年輕缺乏經驗，卻有高度的熱誠和衝勁。得到初六的救援，雖然是小得，但是和大得具有同樣的效果。

小象說：「求小得，未出中也。」

九二居於習坎下卦的中位，這是九二最大的優勢。從字面上看，只獲得弱小的支援，仍然未能脫離險境。實際上是說：求小得表示謹守本分，不貪求大得，正是未偏離中道而走入偏道的證明。象徵在遭遇艱難險阻時，仍能堅持合理的原則，不妄想也不貪求。既不是消極地等待，也不是盲目地冒險。雖然尚未脫離險境，卻顯得意志堅定，能夠積極地在苦難中尋求成長。

習坎 29 ䷜

九二，坎有險，求小得。

在艱難險阻中，不憂不懼。把各種險阻，都當做學習的關卡，勇敢、冷靜，堅持但不冒進，一步一步向前邁進，持續自我提升。同時也不要過分貪心，想要突飛猛進，一下子就有大的收穫。

日有寸進，每天都進步一些，就算只是小得，其實比大得還要可貴。心不要太大，手腳卻應該勤勞。不要看不起不如自己的人，有時從他們的身上，也可以學習到相當寶貴的經驗。

不放棄中道，即使再險阻也用不著害怕。

日起有功，勝過一曝十寒。

三、六三前後皆險不能妄動

習坎（䷜）六三爻辭：「來之坎坎，險且枕，入于坎窞（ㄉㄢˋ），勿用。」

「來」是指來到坎下的究竟。初六為始，九二為壯，而六三居究位，為下卦的終末。「之」是往的意思，由下卦往上卦。六四也是坎，所以來是坎，去也是坎，來去都是坎。「來之坎坎」，身處重險，前後都有險阻。「枕」和「沉」相通，六三居上坎之下，象徵「入于坎窞（ㄉㄢˋ）」，此時最好不要亂動，以免愈陷愈深。「勿用」是指不能輕舉妄動，並不是完全不動。六三陰爻居陽位，又是坎下的上爻，既不當位，又不居中，深入險地，當然是不自量力。此時最好暫且不動，等待情況有所改變時再採取行動。

小象說：「來之坎坎，終无功也。」九二還可以求小得，六三乘陵在下的九二，連小得都得不到。此時若是輕舉妄動，必然徒勞無功，難以脫離險境。「枕」也可以解釋為讓頭部枕靠的物體。對於一個即將陷入深淵的人，有東西在下面托著時，最好不要亂動，以免把托著的枕都弄掉了，讓自己更加危險。「終无功也」，是指往來都無濟於事，所以无功。既然「終无功」，不如暫時勿用。

初六開始學習，若是不慎擇師長、慎選內容，一旦學錯了，就好比「入于坎窞（ㄉㄢˋ）」，結果非凶不可。九二告訴我們：即使學對了，也不能夠貪心求大得，以免造成學習障礙。久而久之，喪失學習興趣，反而不好。六三是學習遇到倦怠期，進不了也退不得，必須暫時鎮定下來，既不輕言放棄，也不施加壓力。放鬆心情，再接再厲，才能夠安全渡過。但是接下來的挑戰，依然是緊追不捨，並不是完全不採取行動就能化解的。

習坎 ䷜
29

六三，來之坎坎，險且枕，入于坎窞ㄉㄢˋ，勿用。

學習到了一個階段，便認為學有所成，那就是深陷險境而不自知。因為學無止境，到了下坎的頂端，上坎才剛要開始。到了這個階段，往往由於進步緩慢，又感覺到學習有困難，以致倦怠鬆懈。若是因此放棄，則不進即退，前功盡棄；如果施加壓力，恐怕影響學習興趣，反而不好。六三進退兩難，前後都是險陷，不如暫且鎮定，先適當調整之後，再做打算。

遭遇學習倦怠期，不宜輕舉妄動。

四。六四當位真誠即能无咎

習坎（䷜）六四爻辭：「樽酒簋貳，用缶，納約自牖，終无咎。」

「樽」是盛酒的容器，「簋」是裝食物的竹器，「缶」為瓦製的器具。「樽酒」是用餐時奉上一樽酒，「簋貳」的「貳」，為副，也就是佐以一竹簋的下酒菜，再以瓦器盛裝米飯。由此觀之，便是形容過著簡單、儉約的生活。「納」是要的意思，「約」即儉樸、儉約。「牖」字古意為小窗。「納約自牖」表示這些簡單的食物，直接從小窗口送進來，用不著開門，以節省時間。這樣的情景，究竟是在提示什麼道理？為什麼到頭來會沒有過失呢？

從學習的角度來看，坎下如果是「學而優則仕」，從初六專心向學，九二頗有小得，六三勿用，已經在事業上建立起良好基礎，即學即用，已經有能力進入到上坎了。六四以陰爻處陰位，表示當位，在仕途上已經是近君（九五）的大臣，必須轉為「仕而優則學」。仿效孔子得意門生顏回那樣，過著刻苦的生活，向君王表明專心學習、用心治理的誠意，也讓外界的人，能夠明白自己的苦心。事君以誠，專心向學辦事，當然沒有過失，所以「終无咎」。

小象說：「樽酒簋貳，剛柔際也。」

九五為剛，六四為柔。六四接近九五，「際」是交接的意思，表示九五為了重用六四，必須多方考察其品德，時時留意六四的為人。六四的「樽酒簋貳」，如果是虛假的，存心做給九五看，或者有意隱瞞九五的耳目，那就咎由自取，即使身陷險厄，也沒有人救得了。若是真心誠意，誠樸儉約，發揚「仕而優則學」的精神，即使處在這樣「伴君如伴虎」的特殊情況下，也能无咎。

習坎 29

六四，樽酒簋ㄍㄨㄟˇ貳，用缶ㄈㄡˇ，納約自牖ㄧㄡˇ，終无咎。

自奉儉約，過著簡樸的生活，專心學習，用心做事。這樣自持上進的精神，一方面可以讓上級安心，認為這樣的下屬，具有「仕而優則學」的良好素養，值得信任，一旦有機會便會加以重用。另一方面，也能成為部屬效法學習的好榜樣，使遭遇學習瓶頸、陷入倦怠期的六三，也能夠自我警惕、自我覺醒，雖說不必著急，卻也不能就此放鬆，不再努力學習。

過著簡樸、儉約的生活，有助於專心向學。

五、九五不自滿才能夠无咎

習坎（䷜）九五爻辭：「坎不盈，祗既平，无咎。」

「盈」是滿的意思，「坎不盈」指九五位居坎上之中，又是陽爻居陽位，既中且正，可以說是坎上的中流，當然不至於積滿而造成氾濫。「祗」和「坻」相通，指的是小丘。意思是九五不驕傲自大，即使有小的阻礙，也很容易化解，所以无咎。九五的權勢，原本可以排除萬難，卻由於上六和六四都是陰爻居陰位，九五夾在兩個當位的陰爻中間，並未脫離險難。除非九五能夠胸懷寬大，容納不同見解或主張，依求同存異的原則來剷平小丘陵，否則當然會有過失。

小象說：「坎不盈，中未大也。」

按理說，九五既中且正，當然可以實現除患安民的理想。但是九二只能求小得，和九五並不相應，不能提供強而有力的協助。儘管九五有理想也有魄力，卻缺乏得力幹部，以致心有餘而力不足。由於「中未大」，所以只能无咎，而難以安全脫離險厄。若是不顧實際情況，不滿意「未大」，執意要放手「做大」，那就是專橫自大，反而難以保持无咎。

九五之尊，在大家的印象當中，似乎是位高權重，可以毫無顧忌地為所欲為，但實際上並非如此，還必須配合當時的內外環境，只能為所應為，而不該為所欲為。當然，若是九五喜歡為所欲為，恐怕也很少有人會出面勸阻或制止。結果徒然自作自受，必須一人承擔所有惡果，想推也推不掉。

人生的每一個階段，都需要學習。活到老必須學到老，即使位尊勢大，也應該學習自處之道，才能吉祥順利。

習坎 29 ䷜

九五，坎不盈，祇ㄓ既平，无咎。

水溝小，容易滿，所以說「器小易盈」。學問不夠充實，就很容易驕傲自滿，夜郎自大。能夠不自滿的，必然是大川大河或無邊的海洋。一個人器度大、胸襟廣，就能夠容納各方不同的意見，遇到如同小丘陵般的小人，也不會產生什麼阻礙。反之，若是專橫自大，目中無人，即使遭遇小小障礙，也可能衍生、發展成為一場大災難。

大人不責小人過，謹慎提防就好。

六。上六險難中守不住道義

習坎（䷜）上六爻辭：「係用徽纆，寘於叢棘，三歲不得，凶。」

上六居坎上的究位，也是全卦的終極。一個人鋌而走險，初六時尚屬初犯，可能出於無知，情有可原。現在到了上六，還在犯法，當然是明知故犯，罪加一等。「徽」和「纆」都是繩索。用三股麻條搓成的叫做「徽」，是粗繩；以兩股麻條搓成的叫做「纆」，是細繩。「係」和「繫」相通，「寘」和「置」相同。「叢棘」則是牢獄的別名。「係用徽纆」，表示用繩索捆縛犯罪者。「寘於叢棘」，是把犯人關在牢獄裡頭。古代有一種規矩，就是犯人關了三年，若是還不能獲得釋放，便要殺頭。「三歲不得」，意指三年還不得出獄，果真是凶了！

上六以陰爻居陰位，是當位，為什麼還這樣凶呢？警示我們：人生的道路，充滿了艱難險阻。我們學習坎卦，一方面要想辦法脫離險，一方面也應該設法利用險。現在上六位於九五之上，陰爻乘陵在下的陽爻，顯然是逆而劣的表現。不但不能體會九五的困難，從旁加以協助，反而知法犯法，當然要坐牢。然而，這又是什麼原因呢？

小象說：「上六失道，凶三歲也。」

上六當位，卻知法犯法，不把法當做一回事，有失正道。「三」即是終的意思，「凶三歲」表示終生都凶。精於游泳的人，往往藝高人膽大，疏於防患，所以經常死於水難。依此類推，精於刀者死於刀，精於槍者死於槍。大意失荊州，陰溝裡翻船，都是形容上六以陰柔之質，處極險之地，自己無力脫離，又得不到六三的相應，所以失道而凶。

習坎
29

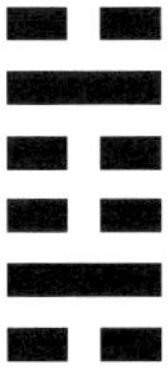

上六，係用徽ㄏㄨㄟ纆ㄇㄛˋ，寘ㄓˋ於叢棘，三歲不得，凶。

《易經》中表示時間較為長久的，多用「三」或「十」來表示。「三」有終的意思，「十」為十年。一個人經歷各種艱難險阻，按理說應該很容易避險、脫險。若是人已出險，卻又知法犯法，敢於重犯，當然就難逃法網，可能被判處終身監禁，甚至判處死刑。上六是全卦最凶的一爻，對於知識分子玩法犯法，具有警惕作用。

知法犯法，罪加一等。

我們的建議

1 初入社會，總是滿腔熱血，只看到水面平靜，看不見水底下的漩渦。自負、輕率、鋒芒畢露，成為常見的通病。初六有難以自拔的凶象，最好避免不自量力，以免有失處險之道，轉而憤世嫉俗，迷失了應有的方向。

2 吃了苦頭，獲得教訓，若是不貪心求大得，能夠腳踏實地，但求小得，日日有所進步，自然可保无咎。九二小心謹慎，又能積小成大，從中學習持經達變的因應方式，所以沒有過失。

3 現代社會之中，瀰漫著巧取豪奪的不良風氣。如果能夠對人忠實，對事負責，反而顯得物以稀為貴。倘若因此獲得賞識，最好記取六三的教訓，務必堅持原有的精神，切勿得意忘形，以免陷險愈深，對忠實負責的精神喪失信心。一旦同流合污，終久必然徒勞無功。

4 若能像六四那樣，堅持忠實負責、誠信待人的精神，時常以「十目所視，十手所指」來自我警惕，盡可能簡樸儉約、低調行事，處處憑良心、立公心，使上級能夠安心，最終必然无咎，不會招致禍害纏身。

5 位高權重者，能夠自我精進，不驕傲、不專斷，廣納各方意見，求同存異，凡事但求合理，不分黨派，自然能夠擁有各方助力，雖遇險阻，也能如九五般无咎。

6 晚節不保，可說是人生最為不幸的下場。歷經各種苦難，練就一身本事，卻知法犯法，甚至於玩法，當然是罪加一等。上六「凶三歲」，終其餘生都不獲赦免，不啻為現代人的最佳警惕與借鏡。

《第三章》

卦中
還含有某些卦嗎？

過分重視經典的地位，
實際上並不一定是好現象。

把經文看成固定不變，
就違反了《易經》的根本精神。

卦中有卦，象外也有象，
可以增加更多的想像空間。

現代人喜歡模擬、虛擬，
對易學的發展有很大助益。

只要合理，都可以作為參考，
各人自行判斷，自己抉擇。

反正自作自受，誰也推卸不了責任，
不可不變，也不可亂變，一切但求合理就好。

一・卦中有卦而且象外有象

宇宙萬事萬物，僅僅用六十四卦來代表，恐怕有所遺漏，更何況每一個卦，都只有一種卦象，表示一種固定的狀態，也不合乎《易經》的變化精神。因此，卦中有卦，每一卦都能夠演化成好幾個卦象，以涵蓋無窮的宇宙萬物。於是「互體」、「半象」和「大象」，便引起大家的興趣，符合「象外生象」的需求。

「互體」的意思，是由一個六爻卦的二、三、四爻、或三、四、五爻，交互錯列而成。譬如習坎（䷜），九二、六三、六四三爻，呈現震（☳）象，稱為「下互震」。六三、六四、九五三爻，呈現艮（☶）象，叫做「上互艮」。由於這種潛在於卦體中的卦象，是以上下卦之間的爻，交互錯列所合成，所以稱為「互體卦」。在解釋卦象的含義時，可以和原卦象合併想像。

「半象」的意思，是指一個六爻卦或三爻卦中，相鄰近的兩爻所呈現的象。由於三爻成卦，六爻也成卦，現在只有兩爻，不能代表完整的卦象，所以稱為「半象」。譬如坎（☵）的上半，其象為⚍，可看成兌（☱）的半象。下半的象為⚎，也可以看做巽（☴）的半象，表示尚未完成，正在發展中的象。巽（☴）和兌（☱），皆可視為坎（☵）的半象。

至於「大象」，凡是一卦之中，依三畫以上相似形態所取的卦象或互體，都稱為「大象」。譬如復卦（䷗）臨卦（䷒），都含有震（☳）象，叫做大震。豐卦（䷶）的二至五爻互體，呈現坎（☵）象，稱為大坎。損卦（䷨）的二至五爻互體，呈現離（䷝）象，便是大離。一卦之中，有好幾爻合在一起，大體上看起來，呈現什麼卦象，都屬於「大象」。

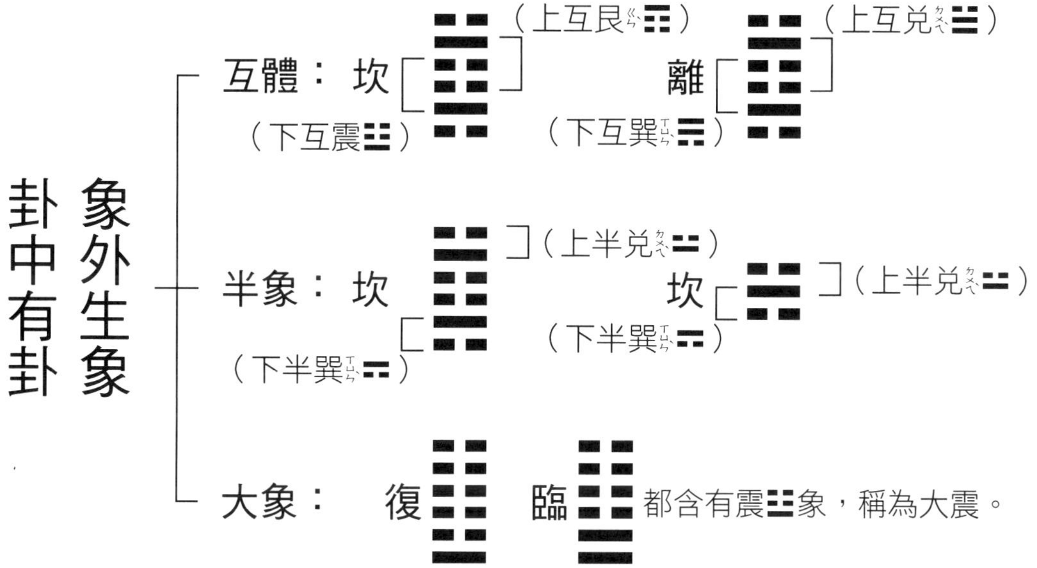
卦中有卦
象外生象
互體：坎
（上互艮）
（下互震）
離
（上互兌）
（下互巽）
半象：坎
（上半兌）
（下半巽）
坎
（上半兌）
（下半巽）
大象：
復
臨
都含有震象，稱為大震。

二、互體象徵內涵潛在能量

每一卦六爻，如果以這一卦的二、三、四爻為下卦，以三、四、五爻為上卦，便可以組合成另外一個卦，稱為「互體卦」，表示由上卦和下卦的二、五兩個中爻為界限，連同兩個中爻之間的三、四兩爻，交互錯列所形成的內涵卦。用來象徵這一卦呈顯的現象中，內涵著另外一種現象。這種內涵的潛在能量，與原有的現象之間，有著相當密切的關係。有時能夠支持原有現象，有時則產生阻礙或變化的力量。

就習坎（䷜）來說，上互為艮（☶），下互為震（☳），形成震下艮上的頤卦（䷚）。表示習坎除了初六、上六兩爻為凶，自九二至九五，若是重視養正，應該可以无咎。二、三、四互震，初六當然難以自拔，有入於坎陷深處的危險。三、四、五互艮，有適可而止，不宜過分的警戒。六四誠信，九五不驕，都能无咎。上六明知故犯，故陷險而凶。

乾（䷀）、坤（䷁）是純陽、純陰，所以沒有互體。也可以說，互體也是乾、坤，表現出純陽、純陰的特性。夬（䷪）、剝（䷖）、復（䷗）、姤（䷫）四卦，上互和下互一樣。其中，夬卦和姤卦近乎純乾，剝卦和復卦近乎純坤，也沒有互體。既濟（䷾）的上互為離（☲），下互為坎（☵），成為未濟（䷿）。反過來看，未濟（䷿）的上互為坎（☵），下互為離（☲），又形成既濟（䷾）。可見既濟之中含有未濟，而未濟之中隱含著既濟，十分值得我們用心玩味。上互、下互可以分開來看，也可以合起來想。這和大宇宙、小宇宙重重疊疊，情況非常相似，更充實豐富了卦的內涵。

互體

- 乾 ䷀ 坤 ䷁ 的上互下互，都是純陽或純陰。
- 夬ㄍㄨㄞˋ ䷪ 姤ㄍㄡˋ ䷫ 的上互下互相同，近乎乾。
- 剝 ䷖ 復 ䷗ 的上互下互相同，近乎坤。
- 既濟 ䷾ 未濟 ䷿ 的互體，剛好成為 ䷿ 未濟 ䷾ 既濟。

三、初爻上爻也能納入互體

坎卦（䷜）的初至三爻，我們稱為「原內卦」，是坎（☵）；四至上爻，稱為「原外卦」，也是坎（☵），因此叫做「習坎」（䷜），表示坎下坎上重複的意思。實際上是原卦的上卦（外卦）和下卦（內卦），當然不能看成互體，因為沒有「互」的作用。

但是初至四爻，可以分為初、二、三和二、三、四兩部分。初、二、三呈現為坎卦（☵），而二、三、四則呈現為震卦（☳），合起來就成為震上坎下的解卦（䷧）。由於初至四爻當中，二、三兩爻分屬於初、二、三和二、三、四的交互部分，因此稱為互體卦。坎的初至四，其互體卦為解。

初至五爻也可以互體，初、二、三是坎卦（☵），三、四、五則成為艮卦（☶），初至五的互體形成蒙卦（䷃）。把二至四爻提出來，二、三、四呈現震卦（☳），我們同樣可以說坎（䷜）的二、三、四爻互體為震。二至五爻，若是分成二、三、四和三、四、五兩部分，二、三、四成為震卦（☳），三、四、五呈現艮卦（☶），所交互而成的互體，便成為震下艮上的頤卦（䷚）。

再看二至上爻，二、三、四為震（☳），四、五、上為坎（☵），形成震下坎上的屯卦（䷂），顯現出不畏危難的模樣。三至五爻，還是艮卦（☶），也可以算是互體。三至上爻，成為坎上艮下（☶）的蹇卦（䷦）。

這樣算起來，除了原卦象坎（䷜），內卦坎（☵）、外卦坎（☵）以外，還出現解（䷧）、蒙（䷃）、震（☳）、頤（䷚）、屯（䷂）、艮（☶）、蹇（䷦）七個互體，更加豐富了一卦的內涵。

以豐卦為例，來看：

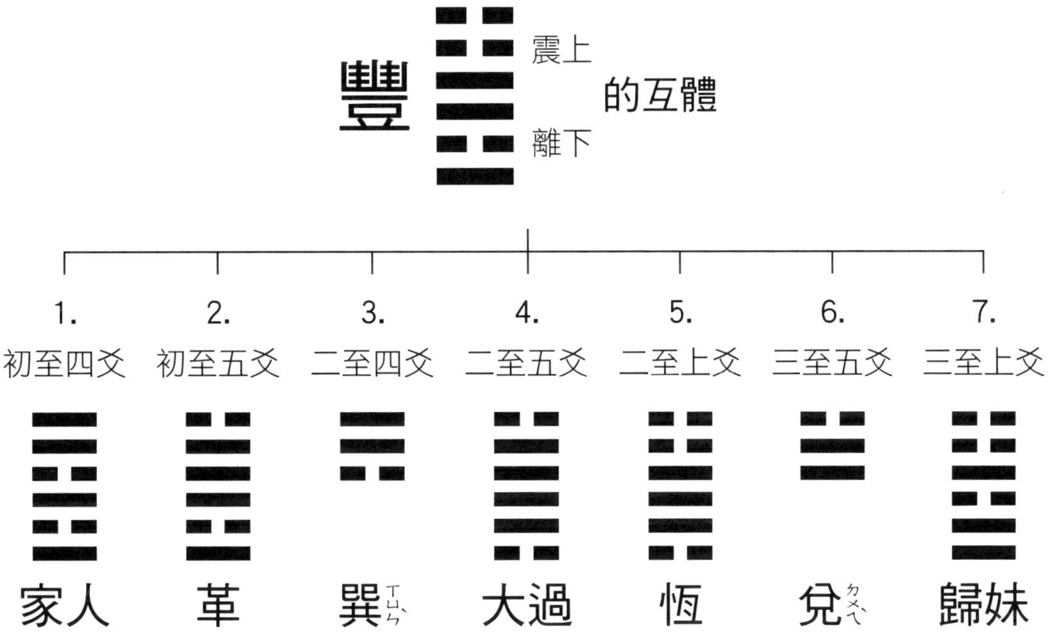
豐
震上
離下
的互體
1. 初至四爻 家人
2. 初至五爻 革
3. 二至四爻 巽ㄒㄩㄣˋ
4. 二至五爻 大過
5. 二至上爻 恆
6. 三至五爻 兌ㄉㄨㄟˋ
7. 三至上爻 歸妹

四、半象未成形正趨於成象

「半象」是兩個爻所造成的象，還沒有達到三個爻的最低標準，尚未構成完整的象，所以稱為「半象」。三分之二，只能稱半，符合「行百里者半九十」的原則，堪稱合理。乾卦（☰）三爻皆陽，但初九和九二這兩爻（⚌），可以看做兌（☱）的「內半象」，也可以看成巽（☴）的「外半象」。同樣的道理，九二和九三兩爻，也含有兌與巽兩個半象。

為什麼不看成乾（☰）的內半象或外半象呢？既然可以想像在兩個陽爻（⚌）之外或內，加上一個陰爻（⚋），是不是也可以想像加上另一個陽爻（⚊）呢？因為乾是純陽卦，兩個陽爻重疊在一起，已經是老陽（⚌），表示陽性發展到極盛，就會陽極成陰，變出陰爻來。兌（☱）和巽（☴）都是多陽的陰卦（陰卦多陽，陽卦多陰），表示乾陽之內，隱含著兌、巽的陰柔在內。我們以乾卦（䷀）的初九爻為例，把初九和九二看成巽（☴）的外半象，這時候乾卦的大象，便成為姤卦（䷫），有助於我們深入瞭解「潛龍勿用」的爻辭。把九二和九三看成巽（☴）的外半象，大象就成為同人卦（䷌），初至三爻有離（☲）的象，「離」是光明的代表，所以乾卦的九二爻辭：「見龍在田」，「見」就是現，有良好表現，眾人有目共睹，前途十分光明。可見「半象」對於解說爻辭方面，有很大的幫助。

坤（☷）為純陰，其內半象為艮（☶），外半象為震（☳），都是多陰的陽卦，合乎陰極成陽的原則。陽中有陰，陰中有陽。陽剛中含有陰柔，陰柔中也含有陽剛。好比男人體內具有女性荷爾蒙，女人體內也具有男性荷爾蒙。

- 半象
  - 老陽（⚌）的半象
    - 外半象為巽ㄒㄩㄣˋ（☴）
    - 內半象為兌ㄉㄨㄟˋ（☱）
  - 老陰（⚏）的半象
    - 外半象為震（☳）
    - 內半象為艮ㄍㄣˋ（☶）

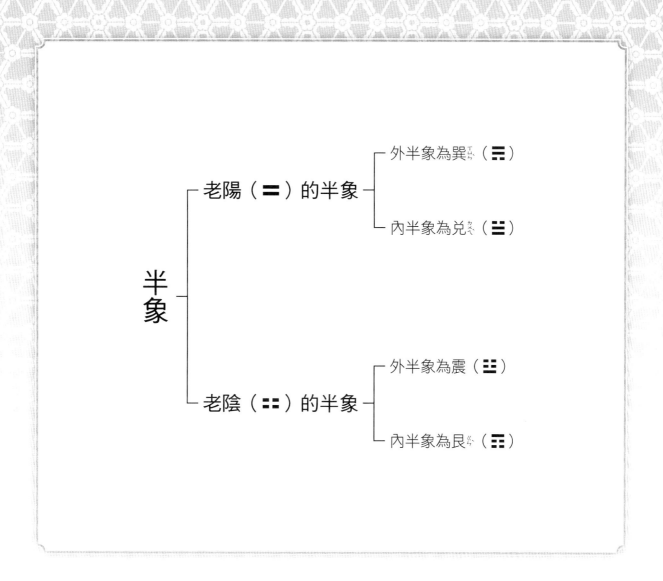

五、大象以相似形態來取象

乾卦（䷀）的初九和九二，如果看成巽（☴）的外半象，相當於在初九之下，又加上一個陰爻，那不成了七畫卦嗎？我們把原有的六爻，看成五爻，加上一個初六爻，仍然保持六畫卦的卦象，不就成為姤卦（䷫）？這種觀象的方式，是把三畫以上相似形態所取的卦象或互體，稱為「大象」。

譬如復卦（䷗），可以看出震（☳）的大象。臨卦（䷒）也有大震（☳）的象，每兩爻看成一爻，有相當的依據。頤卦（䷚）含有離（☲）的大象，中孚卦（䷼）含有大離（☲）的象。姤卦（䷫）和遯卦（䷠），有大巽（☴）的象，而剝卦（䷖）和觀卦（䷓），也含有大艮（☶）的象。依照六爻之中，陰爻和陽爻的比例，看出陰多陽少或陰少陽多的卦象。

同理，大坎（☵）的象，出現在大過卦（䷛）和小過卦（䷽）。其中大過卦（䷛）陰少陽多，而小過卦（䷽）陰多陽少，這又怎麼說呢？因為大過（䷛）的初六和上六，很明顯是陰爻，而九二、九三、九四、九五的大象，可以看成一個陽爻，所以看出坎（☵）的大象，相當合理。由於具有相當大的解釋空間，以致也有人批評此為象外生象，根本就是穿鑿附會。

互體、半象和大象，使卦象產生更多的變化，固然有助於爻辭的解說，卻也因為彈性太大，以致招來「怎麼解釋都有道理，叫人聽從哪一種？」的疑慮和困惑。其實，真正的問題，就出在「聽從」上面。一切自作自受，自己必須對自己的決定負起完全責任。要怎麼解說，理應由自己決定，為什麼要聽從呢？把各種解說都當做參考，自己領悟豈不是更好！

大象

- 復䷗ 臨䷒ 有大震☳的象。
- 頤䷚ 中孚䷼ 有離☲的大象。
- 姤(ㄍㄡˋ)䷫ 遯(ㄉㄨㄣˋ)䷠ 有巽(ㄒㄩㄣˋ)☴的大象。
- 剝䷖ 觀䷓ 有大艮(ㄍㄣˋ)☶的象。
- 大過䷛ 小過䷽ 有大坎☵的象。
- 夬(ㄍㄨㄞˋ)䷪ 大壯䷡ 有兌(ㄉㄨㄟˋ)☱的大象。

六．卦象提供廣大想像空間

《易經》始於伏羲氏時代，那時候還沒有文字，是以簡單、美麗、整齊的符號，畫出卦來。一畫開天之後，立即產生陰（⚋）、陽（⚊）的對待。大家畫來畫去，各種花樣都有。後來逐漸取得共識，以三畫卦為準，產生了迄今通用的八卦。有了這八個基本卦之後，大家更感興趣，也更為熱烈地廣泛加以應用，很可能六十四卦在此不久後便出現了，至少在周文王以前，夏、商兩個朝代，就有六十四卦的運用。夏代的《連山》，商代的《歸藏》，雖然已經失傳，《周禮》上仍然記載著：「太卜掌三易之法，一曰連山，二曰歸藏，三曰周易。」《連山易》以艮卦為首，倡導始終一貫，所以夏朝最重視「忠」的精神。《歸藏易》以坤卦居首，倡導安貞厚德、樸實無華，因此殷商重視實質的增強。到了周代，以乾卦為首，而乾、坤並列。夏、商、周三代，為了適應當時的生態環境，各自提出合理的解說。我們把重卦的功勞，歸於周文王，是一種尊敬的表示，因為《周易》流傳迄今，一直受到大家的推崇。而孔子作十翼，實際上也不完全是事實，但由於孔子為易學承先啟後最重要的關鍵人物，使易學邁入哲理的新領域，因此我們對孔子特別表示尊崇，也是理所當然。

自古以來，想在中國社會出人頭地並非易事，而我們又重視謙德，不敢居功，經常會把自己的創見，加添在老師的身上。這種重視師承的風氣，使得歷史上的著名人物顯得格外偉大。但也由於有這麼多的學生，把成績加添在老師身上，所以有大成就的老師為數並不多。

易的創作與演變

- 創作
  - 伏羲氏畫卦，也許是集體創作。
- 演變
  - 神農氏做《連山易》，夏代很推崇。
  - 黃帝作《歸藏易》，商代很盛行。
  - 周文王祖述堯、舜，特重乾、坤，稱為《周易》。
- 解說
  - 孔子為《易經》作傳，稱為十翼，很可能是集體創作。
  - 王弼（魏晉之間）掃象，導致漢、宋之爭。
  - 各種解說，不一而足，參考就好，自行判斷。

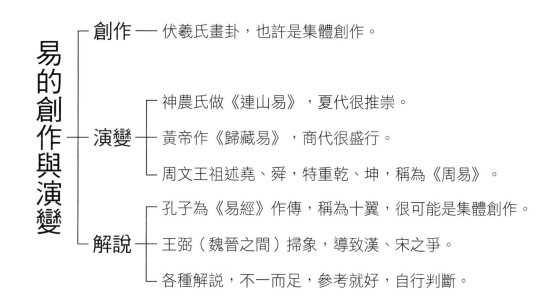

1 易學最重要的功能，在於探究宇宙間變易的法則。人類生存在宇宙之中，對於宇宙間不易的法則，當然有必要充分理解。既然有變易，必然有不易。明白不易的法則，才能掌握未來變易的道理，進而預先做好準備。

2 六十四卦，顯示出六十四種不一樣的時（時間）位（空間）配合。一卦六爻，總共三百八十四爻，表示卦中的各種變化。但以此為限，究竟能否包羅宇宙間萬事萬物的現象呢？大家仍不免存有疑慮，也對此產生種種困惑。

3 我們用「互體」、「半象」、「大象」，來增加卦象的變化，豐富卦爻的內容，不但增進了卦象的彈性，而且對於卦辭、爻辭的解說，能夠提供更多的參考資料，方便充實我們的想像空間。

4 易學的內容，為什麼能夠無所不包？主要原因在於所用的詞句，大多隱晦難明。一方面固然由於客觀環境的限制，使周文王不敢明言；一方面也是為了提供更為廣大的想像空間，以期符合各種不斷出現的新變數。

5 卦中有卦，象外有象，特別是在當今電腦通用的時代，大家更容易做出各種模擬、虛擬，來加以理解體會。不可不變，但是千萬不能亂變，所有解釋務求合理才好。

6 〈繫辭・上傳〉說：君子所樂於玩賞的，是《易經》的爻辭。又說學習《易經》的君子，不妨觀其象而玩其辭。所以我們最好能抱持這樣的心態，觀象玩辭，多加領悟，必定能夠樂在其中。

《第四章》

我們從坎水學到什麼？

有天地，然後才有水，
天地是水的根本，不能忘記。

但是只有水，人類也存活不了，
其他種種資源，也十分重要。

我們既不能忘本，
也應該努力與萬物和合相處。

男女最好能夠由生物性的媾合，
提升到文化性的倫理層次。

和合是中華文化的特性，也是和平發展的基礎，
從家庭的和樂，擴展為整體社會的和諧，

我們不但可以把水當做學習對象，
而且還能夠和水一樣地生活和發展。

一。沒有天地就不可能有水

單憑我們的眼睛，便能夠看出水和人一樣，生於天地之間。若是沒有天地，就沒有人，同樣也沒有水。

坎為水，表現出陽入陰中（☵），內剛外柔的象。每逢大雨，我們就會看到雨水從天上降落下來，流入溝中，匯集成河，最後導入大海中。水的大部分活動，都是在地面上，或是滲入到地面下。天地合作，才有我們所看到的水。地當中動（☵），看起來很柔，其中卻包含陽剛，所以滴水可以穿石。

常言道「知者樂水，仁者樂山」，把水的外柔內剛，看成善於隱藏，以備長久使用。大智若愚，更是常見的情況，藏起來叫「智」，表現出來的是「仁」。外柔是「仁」的表現，內剛是「智」的堅持。老子說：「上善若水」，仁智俱至，當然是「上善」；《大學》說：「止於至善」，也就是向水學習，仁智兼具，內方外圓，凡事水到渠成，外表看似水波不興，卻具有水滴石穿的力量。

西方人愛表現，只要稍有本事，便要立刻展現出來，毫無隱藏的能力，因此只好要求一切公開，最好凡事透明化。但難以置信的是，喜歡說出自己祕密的人，居然還率先主張隱私權。而炎黃子孫明白「深藏不露」的道理，知道「天外有天，人上有人」，所以非到必要，絕不輕易表現。平日言談，也多半以「張家長，李家短」為主，很少談到自己，所以根本用不著什麼隱私權。我們向天地學習，也向天地所創造出來的水學習。我們看到水，就會想起天地。喝水時，口中唸著「謝天謝地」，實在十分有趣——「謝水」是迷信，「謝天謝地」便不是迷信，這是什麼道理？值得我們深思。

坎為水 ☵

意義：一陽陷入二陰，相當危險，趕快動腦筋。
我們很喜歡動腦筋，卻又不喜歡表現出來。

形象：外二陰很柔，內一陽很剛，外柔內剛。
我們外圓內方，很隨和，卻十分堅持原則。

象徵：外柔為仁，內剛為智，以內藏的智代表水。
我們喜歡深藏不露，不隨便表現，以避免不利。

推想：沒有天（⚊）地（⚋），就沒有水（☵）。
所以我們喝水時，口中會唸著：「謝天謝地」。

二、光有水天地也是沒有用

天地之間，如果只有人和水，雖然可以解渴，卻難以生存。我們常說天地慈悲，便是天地既然生下人，除了水以外，還提供很多資源，使人類得以順利生存發展，來完成「贊天地之化育」的神聖任務。天地只創造萬物，讓萬物各自演化，卻把統整、協調、改善的重責大任，交付給人類。

生物學家指出：只有維持物種多樣化，才能生生不息。天地萬物，即是多元、多樣的表現。包括水在內，所有資源，都是由天地所生成，多采多姿，各有不同的形體和功能。然而，在這個多采多姿的世界中，一切千變萬化，只擁有一個永遠不變的「道」，我們特別把它叫做「易」。所以〈繫辭・下傳〉說：「乾坤，其易之門邪（ㄧㄝˊ）？乾，陽物也；坤，陰物也。陰陽合德而剛柔有體，以體天地之撰，以通神明之德。」意思是說：乾坤是易道的兩扇大門，陰陽對待、交合而得雷（☳）、風（☴）、水（☵）、火（☲）、山（☶）、澤（☱）等資源。依據神明之德，也就是自然造化的原則，來化育萬物。多元互動，才顯得多采多姿，而生生不息。

然而〈繫辭・下傳〉又說：「天下之動，貞夫一者也。」意思是天下萬事萬物，看起來變動不居，但是所有的變化，背後都有一致的法則，那就是乾剛、陰柔的互動。所以說，一陰一陽之謂道。人類的生活方式，可以千變萬化，而正常合理的生活法則，則必須共同遵守。水一入口，攸關著我們的生老病死。而除了水之外，也還有很多其它因素，會產生各種互動，共同影響到人類的生活，這些都必須全盤考慮，多方設想。

道生一（太極）→ 一生二（陰、陽）→ 二生三（陰、陽和陰陽互動）→ 三生萬物（天下萬事萬物，都起於陰、陽和兩者的變化）→ 最後復歸於一

所以伏羲畫三爻卦，

便重為六爻，

以六十四為極數。

三、天地父母是我們的根本

雌雄交合以延續後代，這是動物的本能。人類若是按照坎（☵）卦的形象，男女合為一體，藉由男女媾精，以生男育女，這和動物有什麼不同？憑什麼自稱為「萬物之靈」呢？

倘若男女僅僅為了性衝動而媾合，待性慾滿足後，便各分東西，不再留戀……女人懷孕生子後，便自行撫養，發生關係的男人則不知去向，也不互相尋找——這樣的男女關係，分明就是野合，現代卻美其名為「一夜情」，完全是生物性的概念。中華民族至少從黃帝開始，便主張把生物性的媾合，提升為文化性的結合。將這種生物性的本能，用文化遮掩起來，不表現於外。有一天，孟子回到家中，看見妻子衣衫不整，露出一截肩臂，便很不高興地訓斥她，因為孟子認為這是重要的倫理問題。反觀現代社會，由於受到西方影響，竟把公然示愛看做浪漫表現，甚至公然做出親暱之舉，這到底是進步還是退步，值得我們深思。

更重要的是，我們把家人的親情，提高為倫理層次。結婚那一天，在婚禮台前，一對新人左右並列，一拜天地，二拜祖先，三拜高堂（父母），然後夫妻互拜。因為天地是我們的根，沒有天地，根本就不會有人類出現。祖先和高堂代表我們的本，要結婚，先向本家的代表叩頭，以表示尊敬和承續家風、接受家教的誠意。夫妻互拜，表示從此以後，雙方都要堅守合理的貞操，共同防止第三者的介入，以確保婚姻和諧，白頭偕老。有些人看到坎（☵）象，就只想到媾合。殊不知，坎卦的內涵重在細水長流，永遠堅定地朝大海奔流，顯現出不折不撓的持久毅力。坎卦的精神，對婚姻和家庭而言，都能帶來重要的啟發與影響。

坎水與婚姻 ☵

生物性反應： 若是看到坎（☵）象，就只想到男女媾合，這與一般動物實在沒有兩樣。一夜情，即是不負責任的表現。

↓

文化性設想： 把生物性媾合，提升為文化性的結合。不公然做出性愛舉止，包括在街道上摟抱、接吻。結婚典禮中，一拜天地，二拜祖先，三拜高堂，用意是提醒新郎新娘不可忘本。

↓

倫理性對待： 夫婦同權不同質，互相協助，彼此負責，共同完成家族生生不息的使命。

四、萬物都是同一天地所生

華僑遍布世界各地，只要在僑居地住過一段時間，就會結交到一些當地的朋友。我們依據坎（☵）象，明白陸地會分開，大分為亞洲、歐洲、美洲、非洲、大洋洲；而水卻是全球互聯，不分彼此，因此產生「四海之內，皆兄弟也」的思想。其中交情較深的，還可能結拜成為異國兄弟，我們以「水過地皮濕」來形容這種自然發展的情勢，並以「水乳交融」來譬喻異國兄弟也能夠十分投合。

《論語．陽貨篇》記載孔子所說：「天何言哉？四時行焉，萬物生焉，天何言哉！」明白否定了「天」是超自然的上帝，卻十分明確地告訴我們：「天」是自然界最高的存在。四時運行，萬物生長，都是天道運行下所自然產生的成果。

世間的一切，都是由天地所生。天道生人生物，是自然的過程。但是在生人的時候，特別賦予德性，這就是人的天命。相當於天給人一道特殊的命令，那就是必須重視品德修養。孔子看到坎（☵）象，立即想起「逝者如斯夫，不舍晝夜。」認為人的壽命有限，歲月卻有如流水般，日夜不停地流動著，所以人應該把握寶貴的時間，努力進德修業。孔子釣魚時，不一網打盡；打獵時，不射殺歸巢的鳥。他的關懷，並不僅止限定於人，而是能夠推廣到大自然所有的生命。反觀，現代人極力展現出「人力征服自然」的一面，導致環境受到破壞，資源大量浪費，水源遭受污染，種種作為，豈非不明白萬物都是由同一天地所生，應該彼此尊重、互相愛護的道理呢？一味強調「人定勝天」，難道沒發現大自然已經在痛苦掙扎，逐漸失去自己修復的能力了嗎？

萬物同一本源

- 宇宙萬物，都是由天（⚊）地（⚋）所生。
- 天地是萬物的共同本源。
- 天地造人，給予一項特殊使命，稱為「天命」。
- 人類的天命，便是重視品德修養。
- 釣魚時，網開一面；打獵時，不射殺回巢的鳥。
- 對人的關懷，必須推廣到對大自然的關懷。
- 人定固然可以勝天，但也必須維持合理的界限。
- 如果不自覺、不自制，大自然勢必難以自己修復！

五．宇宙萬物都應該求和合

乾（☰）卦〈彖傳〉指出「保合太和」、「萬國咸寧」的精神和結果。「太和」是宇宙最高的「和」，由「家和萬事興」發展到國際間的和平相處，還要進一步和宇宙萬物和平共存。孔子不但提倡人與人之間的互相關懷，而且還主張人與自然之間也要和諧共處，以求獲得人生的樂趣。

乾（☰）卦爻辭中，初九和九二兩爻屬於「地道」；九五和上九兩爻屬於「天道」。天道和地道這四爻，既沒有「凶」，也沒有「咎」。唯獨九三、九四這兩爻，屬於「人道」。九三爻辭：「君子終日乾乾，夕惕若厲，无咎。」九四爻辭：「或躍在淵，无咎。」人道兩爻，都有「无咎」的字樣，表示天道、地道都十分自然，只有人類有分別心，有妄念，最不明道，也最不能配合自然的運行。動、植、礦物，都是依據本能或本性而生存。只有人類，具有創造性和自主性，原本是用以輔助天地的，現在反而成了天地間的搗亂者，實在是十分無奈的現象。九三、九四的爻辭提醒我們：最好不要「不三不四」、「老三老四」或者「顛三倒四」，以免從「萬物之靈」變成「萬物之賊」，不但喪失「贊天地之化育」的功能，反倒成為破壞天地萬物的劊子手了。

「保合太和」的「合和」即為「和合」。宇宙萬物各有差異，難免發生衝突，所以需要透過陰陽、剛柔的交互作用，促使其和合。《易經》的和合精神，既是宇宙的、自然的，也是道德的，成為天、人、地三才，也就是「天人合一」的主要依據。可以達到「人和而天和」、「人合而天合」、「人樂而天樂」的最高「和合」境界，對現代人來說顯得特別重要。

衝突 → **和合**

衝突	和合
宇宙萬物，各有差異，	人類的神聖天賦，
難免引起衝突。	即在促成和合。
人類若強化衝突，	必須化解衝突，
即為萬物之賊。	才是萬物之靈。
動物自相殘殺，	人類若加入殘殺行列，
實際上有一定限度。	很容易趕盡殺絕。
動、植物衝突，	人類若不能促進和合，
順乎自然法則。	就會破壞自然法則。

向水學習，體會其和合精神。

六、人類社會最好力求和諧

中華民族，最用心向水學習。水流有一定的原則，便是順勢而為，向低處流動，既自然又省力；我們則是審時度勢，等待形勢大好，才一舉完成所要做的事情。水流順勢，因此沒有固定的方向；我們習慣於迂迴前進，除非情況特殊，否則不直來直往。水流動順暢時，並沒有什麼聲音；我們得到好處時，通常悶不吭聲，靜靜地享受。水遇到阻礙，流動的聲音很大；我們稍微吃一點虧，便要大聲嚷嚷，吵鬧不休。水很柔，卻能滴水穿石；我們相信以柔克剛，不喜歡硬碰硬。水流動時，能去除不潔淨的東西，恢復原先的純淨；我們具有省思能力，藉由不斷反省改善，以提升自己的修養。水流的途徑，十年向南，十年向北，變動不已；我們明白「十年河東，十年河西」的現象，領悟到「風水輪流轉」的道理。水流日夜持續不斷，永不停息，直到水源斷絕為止；我們則是終生學習，「活到老學到老」，永遠力求上進。水能載舟，也能覆舟；我們深信「得人心者昌，失人心者亡」，因為成也是人，敗也是人，都離不開人心。大海不擇細流，容納百川；我們則有「天下一家、世界大同」的胸襟。水無言，卻做出很大貢獻；我們聽其言而觀其行，不輕信他人所言，比較重視是否真能付諸實踐？而最要緊的，則是五湖四海的水，善於融合而不衝突，不鬥爭；我們則是倡導人類必須力求和諧，在安定之中求進步。特別是二十一世紀的人類，更應該在「和平」與「發展」中，力求兼顧並重。以「四海之內皆兄弟」的心態，彼此和平共存。以分享互助的精神，共謀發展。

水性	=	中華民族性
水流順地勢向下流動。		我們喜歡造勢，省力又方便。
水流並沒有固定的方向。		我們習慣迂迴，很少直來直往。
水流順暢時安靜無聲。		我們得到好處時，安靜不張揚。
水流遇到阻礙，發出很大聲響。		我們吃虧時，必定高聲嚷嚷。
水很柔，卻是滴水可以穿石。		我們相信以柔克剛。
水流動時，有自淨的作用。		我們有反省的能力。
水的流動途徑常有變動。		我們知道風水輪流轉。
水流永不停歇，除非源頭斷絕。		我們明白終生學習的重要性。
水能載舟，亦能覆舟。		得人心者昌，失人心者亡。
大海容納百川。		我們有四海一家的大肚量。
水無言，卻做出重大貢獻。		我們聽其言而觀其行。

我們的建議

1 坎水不但是學習的模擬過程，而且可以當做危機教育的範本，使我們明白危機即是轉機，練習面對危機以求脫離險阻。即使陷入險境，也能保持冷靜。這對經常需要面對、處理危機的現代人而言，可說是至關緊要。

2 由於自古以來，中華民族就與黃河這條母親河，有著十分密切的關係，因此古聖先賢皆虛心向黃河學習，致使我們的民族性，產生了許多與水相似的特性，這點非常值得大家細心體會。

3 老子說水為上善的柔性，適應力很強。炎黃子孫彈性大，善於以柔克剛，不論移民到世界任何地方，都能在很短的時間內入境隨俗，適應能力之強，每每讓當地人士刮目相看，進而願意以禮相待，結交成為好朋友。

4 「飲水思源」是我們的美德。人不能忘本，所以常常謝天謝地，終生孝敬父母。小時候接受父母的教誨，長大後還要能夠發揚家風。心中有父母，不敢丟父母的臉。對於父母年歲漸高，一則以喜，一則以憂，幾乎成為中華民族的共同特性。

5 我們知道「水寬魚大」，所以為人主必須賢明，才能獲得良臣的輔助。朋友之情，即使「水乳交融」，卻也應該保持安全的距離。我們明白「水清無魚」的道理，若是過於嚴苛，任何事情都不放過，便難以容眾。

6 「水來伸手，飯來張口」，可說是懶人的寫照。一個人成天無所事事，只求享受，不但大家會看不起他，自己也終將如逆水行舟般，不進則退，很快就會落伍，任誰也挽救不了。

《第五章》

離卦六爻

有哪些啟示？

初九居於全卦之下，卻妄想向上燃燒，
若是態度謹慎、心懷敬意，或許還能夠无咎。

六二是離卦的主爻，居中普照，
成為建構文明氣象的主導力量。

九三日正當中，但很快便要西移，
看似明亮，卻已經不是真正的光明。

九四遭遇突如其來的高度危險，
原來是驕傲自大所引發的不良後果。

六五軟弱，所幸平日謹守中道，
所以才能夠及時獲得援救。

上九出征，以光明消滅黑暗，
象徵文明盛世，也需要充實軍備以防患。

一・初九警惕慎重以保无咎

離（☲☲）卦下離上離，表示上下通明，顯得十分美麗。「離」字的意義，一是「光明」，二為「美麗」，三是引申出來的「附著」之意。因為光明是附著在不發光的被燃燒物質上面，當這些被燃燒的物質燒光燃盡之後，火熄滅了，光明也就看不到了。世間所有美麗的景色，同樣也是附著在光的照耀之下。黑暗中，一切景象都看不見，當然也就失去了看得見的美麗。離卦的主旨，在於期許大家：要持續光大自己的道德與事業，對社會做出貢獻。

初九爻辭：「履錯然。敬之，无咎。」

初九陽居陽位，稱為「當位」。「履」是鞋子，引申為人的行為。「錯然」指走路的樣子較為錯亂，並不整齊。初九是具有聰明才智的知識分子，雖然地位卑下，卻急於表現自己的才能，希望能夠獲得上級的賞識，因此有時候這樣，有時候那樣，令人覺得行為錯亂、缺乏原則，也不夠穩妥。「敬」是敬畏，若是心中有天命，有上級，也謹記聖人的話語，有時就算是衝過了頭，表現得過火，大家也能夠諒解，願意加以包容，所以无咎。還有，只要是真正合理，即使在行為表現上稍有不妥不處，但只要態度恭謹，一樣也能无咎。

小象說：「履錯之敬，以辟咎也。」這裡的「履錯之敬」，應該是「履錯而敬」。初九心中有上司，也知道在外工作不能使父母蒙羞，所以對人對事都十分謹慎、恭敬。只是心性按捺不住，難免有過當的言行。初九和九四不相應，不可能幫初九講話。但幸好初九態度恭謹，還可以避免過錯。「辟」就是避，能避免咎悔，乃是得力於心中對人、對事的那份恭敬態度。

離 ䷝
30

初九，履錯然。敬之，无咎。

初出茅廬的年輕人，難免急於求表現，卻苦於經驗不足。這時候初九尚在地下，卻妄圖向上射出光明，有「履錯」的象，表示行為錯亂，並不恰當。但是，只要心存敬慎，心目中有父母、上級的存在，雖然偶有過失，大家也會諒解，所以无咎。倘若認為自己陽居陽位，是當位的剛健君子，自以為是而目中無人，那就有咎了。

錯亂的樣子，要特別謹慎。

二・六二黃離元吉得乎中道

若是初出茅蘆，便極力討好上級，或者多方揣摩上意，請問讀書明理又有何用？但是功力不足，經驗不豐，加上定力不夠，不可能言行都表現得恰到好處，所以必須心存謹慎、恭敬，才能无咎。然而，這種情況不能長久，否則便是磨練不足，體會不深，而且不堪重任，最好能有所改善。

離卦六二爻辭：「黃離元吉。」

黃河是中華民族的母親河，中原的土地是黃色的，我們是黃種人，麥子、稻子成熟時，也都會呈現出可愛誘人的黃色。長久以來，黃色便象徵著光明、尊貴，是一種受人敬愛的顏色。坤卦六五「黃裳元吉」，由於六五居高位，只要穿著合適的衣裳，便可以無為而治。而離卦六二，剛出現在檯面上，衣裳不足以代表他的身分地位，必須具有真才實學，散發出像離火般的光明，才能夠既當位，又居中，展現出一種文明的光彩，令眾人耳目一新，以期獲得大吉。

小象說：「黃離元吉，得中道也。」

「得」的意思是附著，和離火一樣，必須有所附著，才能散發出光明。六二所附著的乃是「中道」。「中」為合理，「道」即原則、途徑、方法。有才能的人，凡事都是採取合理的途徑，秉持合理的原則和方法，顯得居中守正，當然能夠「元吉」。

做事的能力很重要，但是做人的圓通（內方外圓，有原則卻能夠因時制宜，做出合理的應變），則是做事順利的基礎。品德修養良好，是得乎中道的附著物；而得乎中道，又是黃離元吉的附著物。人人皆是以修身為本，由此可見。

離 30 ䷝

六二，黃離元吉。

在大家包容、諒解、鼓勵的善意中，六二自覺責任重大，必須多學習、多體會，以期自我充實。六二不僅自己附著於中道，凡事力求合理，並且為九三和初九所附著，真正成為離下的燈蕊。陰居陰位，又居下卦之中，成為離卦的主爻，是光明氣象的骨幹，十分可貴。

居中普照，是真正的光明。

三。九三日昃並非真正光明

有能力的人，若能堅守中道，自然會受到眾人歡迎，而得以表現自己。此時，最好能記取乾卦（䷀）九三「夕惕若厲」的教誨，以求无咎。若非如此，就容易得意而忘形，正如同離卦（䷝）九三爻辭：「日昃之離，不鼓缶而歌，則大耋之嗟，凶。」

「日昃」表示日已過午，逐漸西移，暗喻這種受人歡迎的情況，很快就會像黃昏日落那樣，「夕陽無限好，只是近黃昏」。「缶」是上、下較小，中間較大的瓦器，可以當作樂器。九三、九四、六五的互體為兌（☱），也就是口。「不鼓缶而歌」，譬喻不與樂器配合，便隨興高歌。「耋」的意思是大老，「大耋之嗟」，表示好不容易發現有九二這樣的人才，卻經不起考驗，到了九三便如過午之日，難免令大老心生感嘆，凶象已然呈現了！

離卦九三，若是不能像乾卦九三那樣，高度警惕，相當於陽變為陰，那就成為噬嗑卦（䷔）。下卦為震（☳），是「鼓缶」的象徵。二、三、四爻為艮（☶），象徵九二所堅持的中道到此為止，無以為繼。九三位居下離上離之間，表示前明將盡、後明將繼，稱為「日昃」。老年人經驗豐富，嗟嘆好人才有如日落西山，經不起嚴峻考驗將要報廢了，當然凶！

小象說：「日昃之離，何可久也？」多少年輕有為者，只要稍有表現，便認為自己是不可多得的人才，而把其他人都看成庸材。於是提出許多建言，結果被採納的比例偏低，心裡更加不服氣，終於小不忍而亂大謀，逐漸偏離中道，走向偏激、怨憤、發牢騷的邪路。這樣的情況，能拖多久呢？當然很快就沒落了。

離 ䷝ 30

九三，日昃ㄗㄜˋ之離，不鼓缶ㄈㄡˇ而歌，則大耋ㄉㄧㄝˊ之嗟ㄐㄧㄝ，凶。

堅守中道，普受眾人歡迎，很容易因此得意而忘形。有如日正當中之後，很快就要西移，造成「夕陽無限好，只是近黃昏」的遺憾。才到九三，便已不能合群，令長者為之嘆息：好不容易出現一位好人才，又將要報廢了！或者年紀輕輕，便自以為是老大。不自量力，倚老賣老，殊不知自己只不過是離下的上爻，還有離上要加以敬重。如此得意忘形的狀態，怎能不凶呢？

日昃ㄗㄜˋ的象，並非真正光明。

四。九四突如其來引火焚身

通常一般人到社會上做事，只要稍有表現，便會自信滿滿，陶醉於所謂的「成就感」之中，於是和書本斷絕關係，不再學習。不是推說工作太忙，便是時間不夠，或者精力不足。永遠都是以舊知識來應付現實問題，其結果必然如離卦（䷝）九四爻辭所說：「突如其來如，焚如，死如，棄如。」

這些「如」字，接續在形容詞後面，表示某種情形或狀況。「突如其來如」，便是指突然發生這樣的狀況。什麼狀況呢？就好像被焚毀、死亡、拋棄的樣子。

小象說：「突如其來如，无所容也。」

對九三這樣光輝不再，被冷落、閒置、架空，卻不知反省、不求改善，仍不願配合內外環境自我調整，近乎剛愎自用的人，忽然間，產生了意想不到的狀況——不是被降調，便是自己混不下去，感覺好像無地自容，也不為人所容。

乾卦（䷀）九四「或躍在淵」，和離卦（䷝）九四一樣，都是陽居陰位，並不當位。然而，乾卦九四若變為陰爻，成為小畜卦（䷈），雖然以小畜大，力量尚弱，但還是可以无咎。離卦九四若變為陰爻，那就成為賁卦（䷕），必須保持中道，化各種彩色為白色。但是，離卦九四不中不正，與初九又不相應，且位居離下離上的上卦之始，有如火上加火。離下的火性炎熱，又有上升的熱力，當然有「焚如、死如、棄如」的感覺。賁卦二、三、四爻為坎（☵），象徵險陷。九四又靠近六五君位，使其備受威脅，好像也有被焚毀的危險。九四這樣的狀態，不是被焚，便是自焚，所以說「焚如」。

離
30

九四，突如其來如，焚如，死如，棄如。

光明正大的中道賢才，一方面驕傲自大，一方面受到縱容。在一片叫好的氣氛中，忽然覺得離下、離上這兩把熊熊烈火，一下子全都燒到自己的身上，產生「焚如、死如、棄如」的恐懼，於是乾脆「一不做二不休」，把火燒向上面的六五，呈現出逼宮的態勢。殊不知這麼一來，「焚如、死如、棄如」的危險性又更加提高了。

突如其來的高度危險，往往令人措手不及。

五．六五憂世傷時先見之明

領導者如果遇到九四這樣的亂臣賊子，而偏偏自己又是陰爻居陽位的六五，和九四的關係可說是「陽不承陰」，也就是「四不承五」，反而會有把六五焚毀的威脅性。再加上九四的剛猛，又非陰柔的六五所能壓制，最好的辦法便是昭告天下，或者密詔可靠的幹部，表明一切的罪過，都應該由自己來承擔。

所以離卦六五爻辭說：「出涕沱若，戚嗟若，吉。」

「沱若」是有如大雨滂沱的模樣，領導者痛哭流涕，眼淚就像大雨那樣，表現出十分憂傷的情緒。「戚」為悲戚，「嗟」是嗟嘆。領導者憂傷悲戚、嗟嘆無助的模樣，往往能夠感動勤王志士前來解救，化險為夷、轉危為安，所以吉。

小象說：「六五之吉，離王公也。」

六五哭得眼淚就像大雨滂沱般，顯得十分憂戚，怎麼會吉呢？是因為「離王公也」，「王」指六五本身，「公」即上九。六五陰爻，在上九陽爻之下，有陰承陽、柔承剛的好處。六五承上九，所以順而善，自然吉。「離」還是附著的意思，「離王公」指附著於六五（王）和上九（公）身上的中道，使得上九自動前來救援。若是六五不走中道，恐怕再怎麼哭泣，也感動不了上九。一旦上九袖手旁觀，六五就不可能吉了。

可見六五是文明的君王，平日乘陵在下的九四，並沒有過分使其難堪，因而不致造成劣勢。大家反而看出九四的「焚如」，有逼宮的不義。離卦六五平日謹守中道，這時由柔（⚋）變剛（⚊），成為同人卦（䷌），促使上九和六五相親，極力化解六五的困苦，因此能夠化凶為吉，扭轉劣勢。

離 30 ䷝

六五，出涕沱(ㄊㄨㄛˊ)若，戚嗟(ㄐㄧㄝ)若，吉。

被逼宮的六五，雖然目前情況危急，但若是平日謹守中道，此時只要願意反省，自責德行修持得不夠好，不但下詔罪己，還痛哭流涕，引人同情，自然就會有勤王之師，主動前來救援，可保順吉。反之，倘若領導者平日顯得既軟弱又不守中道，大家便會袖手旁觀，等著看這齣鬧劇如何收場，在這種情況下，就必定不吉了。

必須平日謹守中道，才可能在痛哭流涕之際獲得救援。

六、上九出征以光明滅黑暗

離卦上九爻辭：「王用出征，有嘉折首，獲匪其醜，无咎。」意思是上九陽剛，果敢有為，為了勤王而出征，結果大獲全勝，斬殺元凶，恢復太平基業，所以无咎。上九爻動，即成為豐卦（䷶），離下震上。上震象徵出征的動象，為六五所用，所以說「王用出征」。「有嘉」是受到嘉獎，表示獲得勝利。「折首」是斬殺元凶，九四果然無處可逃。「匪」即不，「醜」指同類，「獲匪其醜」是不捕獲其附從的同類，有「殺一儆百」，但不濫殺無辜的意思。由於上九令人信服，而且並未趁機造反，所以无咎。

小象說：「王用出征，以正邦也。」

豐卦（䷶）離下震上，象徵震動必須明察事理。上九為什麼動？因為明察事理，知道自己應該出兵救援六五。然而，上九以陽剛的才能而居明極（離上的究位）的位置，六五知道上九陽剛有為，加上明極能辨別是非，實在是主持征戰的最佳人選，可見六五也是明智的文明君主。

六五請上九出征，是為了以光明消滅黑暗，求得安邦定國。可見即使處於文明之世，仍然需要適當的軍備，才能夠適時征討，以戰止戰。但必須正而柔，有光明正大的目標，採取懷柔政策，能收服的便收服，真正為非作歹的則斬殺不赦，如此一來，才能无咎。若是經常掉眼淚以搏取同情，那就必然有咎。

上九附著於六五，如果能夠發揮影響力，促使九四也同樣附著於六五，如此一來，離上以六五為燈蕊，上九和九四都發出光明，和離下內外皆明，照耀四方，豈不是一片光明？

離 30

上九，王用出征，有嘉折首，獲匪其醜，无咎。

上九是大老，眼見六五這位老大，由於自身軟弱無力，而備受九四威脅，有遭到逼宮的態勢。念在六五平日謹守中道，不失為一位光明的君主，因而決定出兵救援。只斬殺元兇，不及其同黨。上九不但是以光明消滅黑暗，自己也不趁機奪位，當然无咎。倘若六五平日軟弱，也不謹守中道，只在緊急時刻痛哭流涕，以博取世人同情，那麼上九當然不肯出征，也就必然有咎了。

文明盛世仍需軍備，才能適時征討，以光明消滅黑暗。

我們的建議

1 在社會上做人，首先要把握正確方向，做好自己。養成恭敬、謹慎、勤勞的好習慣，即使偶爾犯錯，想必大家也能夠諒解。然而，若是不尊重別人，就不能奢望獲得別人的耐心與包容。

2 到了第二階段，已經浮出檯面，不再是新人。這時便要自覺：熟悉人情才能做出正確判斷，口碑良好才算是情理通達。若是口碑不佳，就要再下苦工，力求改善，務求廣結善緣，發揮最大的參考力。

3 參考力和影響力不同，必須是柔性的，使人願意自動當做參考，而非強制要求他人向自己看齊。一個人具有參考價值，自然廣受眾人歡迎，否則只能獨善其身，前途不可能光明。

4 想要當個好領袖，最好先懂得「個人」和「群眾」的差異性。能帶領好個人，卻不能面對群眾，終究會招來意想不到的後患。既要下情上達，也要上情下達。如果不能圓通地承上啟下，往往會有功高震主的嫌疑，使上級不安，不利於己。

5 基層領袖難當，高層領袖更是難為。過分嚴正，連副手都找不到；稍顯軟弱，又經常會遭受逼宮的苦惱。最好能夠堅守中道，即使有人意欲造反，也會及時出現救援義師，使整體情勢轉危為安。

6 以敬老尊賢的態度，善待年邁的賢達。情況緊急時，賢達才會出手相助。老年人經驗豐富，所累積的人脈也很廣，若是袖手旁觀，存心看好戲，豈非求助無門，悔之晚矣！

《第六章》

我們從離卦學到什麼？

離卦要我們明白道理，合乎中道，
品德良好，聰明才智才有附著之處。

工業革命開展了現代科技與文明，
網際網路則重新建構了現代人的學習方式。

上經闡明天道，以坎離兩卦為終，
坎卦教人誠意，離卦則教人明理。

二十一世紀人類之所以瀕臨滅絕的邊緣，
主要原因在於濫用科技，使大自然難以修復。

天道、人道、地道三才，是以人道為中心，
自天祐之，表示上天只會祐助有心自救的人。

水愈深愈危險，火愈烈愈難受，
水深火熱有其深層意義，值得我們玩味。

一、聰明才智必須合乎中道

「離」代表聰明才智必須附著於良好的品德修養之上，才能為人群服務，造福社會。離卦（䷝）卦辭：「利貞，亨。畜牝牛，吉。」「貞」是堅守合理的貞操，即為中道，也就是凡事秉持合理的態度，採取合理的途徑，以期達成合理的目標。一切合理化，心地光明，公正而不為私欲所左右，當然有利，而且亨通。「畜」指畜養、馴服。牝牛原本就很柔順，離下離上的中爻，都是陰爻，具有坤柔的德性。同樣是牝，離卦的牝牛，比坤卦的牝馬更加溫順。為什麼不說牝馬？因為牝馬講原則、認主人。牝牛力大負重，卻能對事不對人。具有聰明才智者，經常為了逞強，不惜損人利己，若是具有牝牛的修養，自然能夠順吉。

元亨利貞四德，離卦有其三，而且排列的順序是先「利」後「貞」，最後才是「亨」。因為「利」字當頭，才能看出有聰明才智者，會不會見利忘義，因而爭權奪利，把公義擺在一旁？唯有利字當頭時，還能堅守貞操、謹守中道，知道天理彰明，若是損傷他人，終必為人所毀，具有這種「利貞」的操守者，才能亨通。這就表示，聰明才智必須附著於良好的品德之上，有如牝牛般忍辱負重，能夠對事不對人，忠貞加上任重，自然就會萬事吉順。

六二「黃離元吉」，便是居中守正，附著於中道。六二與六五都是陰爻，並不相應，表示與上級往來，既不存心討好，也不揣摩上意、逢迎拍馬。初九、九三都能夠附著於六二，以六二為燈蕊，而大放光明。離上三爻，也就是九四、六五、上九三爻，都不當位，啟示我們：地位愈高，想要堅守中道，秉持對事不對人的原則，似乎真的愈來愈不容易。

離 30 ䷝

利貞，亨，畜牝ㄆㄧㄣˋ牛吉。

元亨利貞四德，離卦有其三，
先「利」後「貞」，合乎人性的弱點，
「利」字當頭，才能看出聰明才智者是否會見利忘義？
在面對利益時，必須能夠堅守貞操、謹守中道，
知道天理彰明，一旦損傷他人，終必為人所毀的道理。
忠貞的性格，加上有如牝ㄆㄧㄣˋ牛般忍辱負重的精神，
必然萬事皆吉順。

二、社會文明應該適可而止

對人類社會而言，離卦象徵著文明的發展。〈繫辭・下傳〉說：「作結繩而為罔罟，以佃以漁，蓋取諸『離』。」伏羲氏發明編結繩子當做羅網，用來圍獵、捕魚，便是從離（䷝）的卦象中獲得靈感，製作出網目相連而有物附著的器具。一路持續發展下來，就成為現代的網際網路，通用於全世界。

人類文明的初始，是從嘗試錯誤中入手，如同初九那樣，跌跌撞撞，由「錯然」而警惕敬慎，不敢偏離中道。逐漸進入六二，以工業革命開展現代文明，此時尚能謹守中道，「黃離元吉」。到了九三，網際網路問世，人類在快速、方便、精確之餘，逐漸變得虛實不分，有如「日昃之離，不鼓缶而歌」，又不重視網路倫理，導致大家不循正道學習，不守中道發展，凶象早已顯現。當前的科技發展，已經促使人類文明發展到九四的階段，很多突如其來，難以預料的事情，層出不窮。甚至於科學家都提出嚴正警告：科技就像魔鬼，給人類一些好處，便回過頭來要人類的命。

現代人類的處境，正如離卦六五，為現代科技所逼，幾乎到了走投無路的絕境。偏偏又缺乏應付的才能，為此苦惱不已，甚至痛哭流涕，悲戚嗟嘆不止。科學家幾經反省，提出「科技發展應該給予合理限制」的建言，此時，我們是不是該請求上九「王用出征」，以期獲得无咎呢？其實，上九所代表的就是「東方哲學」，特別是《易經》的道理，能夠正本清源，化解人類的危機。善用東方的哲理，來妥善安排現代科技，已經成為當前人類的共同需求。我們不必要也不可能全盤否定現代科技，只要做到「有嘉折首」即可。

離 30

代表人類文明的發展。

上九：必須妥善運用易理，合理發展科技。

六五：現代人類為科技所逼，幾乎到了走投無路的地步。

九四：突如其來的氣候異常與各種災難，令人為之心驚。

九三：網際網路問世，大家不循正道學習，不守中道發展。

六二：工業革命開展現代文明，尚能謹守中道。

初九：由嘗試錯誤入手，警惕敬慎，不敢偏離中道。

二、坎離配合要對生活有益

《易經》分成上下兩部分，「上經」總共三十卦，以乾、坤兩卦並列居首，以坎、離兩卦告一段落，主要在闡明天地造化萬物的契機。乾、坤兩卦，初爻交易而成震（☳）、巽（☴）；上爻交易變成艮（☶）、兌（☱）；中爻交易就成為坎（☵）、離（☲）。這八個基本卦，便是八卦理象的中心。

坎為水，位於先天八卦的西方。我們常說「一江春水向東流」，可見水是由西向東流動。離為火，太陽從東方升起，位於先天八卦的東方。離為東，坎為西，合起來便成為我們常說的「東西」。因為東方日曬較長，有利於樹木的生長；西方多水，而水多的地方，金屬的蘊藏量也較多。我們日常所用的器具，大多是由金屬和木材所製成，這也是我們稱之為「東西」，而不稱為「南北」的原因。我們使用東西，而選擇坐北朝南的房屋，這和《易經》天、地、水、火的方位，具有十分密切的關係。

水、火在生活上，帶給我們很大的助益。而各種製造出來的金屬和木材用具，也帶給我們很多的便利。然而，隨著科技的發展，各種人造材料不斷地被創造出來，其中部分對人體有害，部分則是使用不當，便可能產生各種毒素。此外，在製造過程中，對環境造成污染的情形也是屢見不鮮。依據離卦（䷝）的道理，所有東西都應該附著於倫理道德之上，才能真正造福人群社會。偏偏大凡愈相信科技的人，就愈不相信倫理道德，這是現代教育所造成的偏頗現象，必須及早加以調整，否則人類終將為科技所毀滅。大家必須憑良心創造、發明、製作和使用，也就是科技的發展必須附著於倫理道德之上，這點可說是至關重要。

坎 29 ䷜ 卦教我們「誠意」。

離 30 ䷝ 卦教我們「明理」。

不誠意難以明理，不明理怎能誠意？
不誠意高度危險，不明理引火焚身。
坎離妥善配合，才能製造出好東西。

四・廿一世紀人類重大難題

廿一世紀人類瀕臨滅絕的邊緣，已經不再是危言聳聽，而是該當如何因應的問題。我們的重大難題，至少有以下六點：

1.全球化首先出現在經濟領域，導致發展中國家不得不讓出部分主權，接受發達國家的貿易條款，以換取資金和技術。這種殘酷的經濟戰爭，引起激烈的反抗，造成日趨明顯的全球化與本土化抗爭，很難排解。

2.不正常的經濟發展，導致貧富兩極愈來愈懸殊，而有M型化社會的現象。這是人類的恥辱，竟然被少數人視為理所當然。如此一來，勢必造成社會不安，引發各種問題。

3.科技快速發展，智慧財產權受到重視，創造出大量財富，卻也造成嚴重的生態危機。萬一主導者敵視和平，製造出大規模殺傷武器，後果不堪設想。和平與發展的協調也是一大難題。恐怖主義的陰影，令人愈反愈恐，感覺不寒而慄。

4.宗教自由導致邪教林立，正教不敵邪教，也是不爭的事實。然而沒有宗教和平便沒有世界和平，如何促進各宗教的和平共處，也是非常不容易做到的事情。

5.地球資源被浪費，自然生態被破壞、弱勢族群被欺壓、社會正義被漠視，這些都是十分明顯的事實。現代人見利忘義的心態，使得整體局勢逐漸失去控制，導致人類不知何去何從。

6.現有的普世價值，大多是由西方所主導，結果造成今日的危機，迫使大家不得不對現有的普世價值重新加以檢討。然而，此舉又可能引發文化戰爭，在各種人類文明的艱難險阻中，增添很多意想不到的麻煩，令人憂心不已。

二十一世紀人類面臨各種難題：

1.全球化與本土化的劇烈抗爭，很難排解。

2.M型化社會是人類的恥辱，卻被少數人視為理所當然。

3.和平與發展難以求取平衡，恐怖主義令人愈反愈恐。

4.宗教自由導致邪教林立，偏偏正教又敵不過邪教。

5.地球資源被浪費，自然生態被破壞，
弱勢族群被欺壓，社會正義被漠視。

6.現有普世價值必須重新檢討，卻又可能引發文化戰爭。

五．坎離兩卦對未來的啟示

坎卦（䷜）告訴我們人生難免遭遇艱難險阻，不能坐以待斃，必須設法解救。求神不如求人，求人不如求己，所以人類自救是今後唯一可行的途徑。

天道、人道、地道，合為三才之道，以人道為中心。〈繫辭・上傳〉說：「自天祐之，吉无不利」，孔子指出「祐」是「助」的意思。上天所祐助的人，必定要自己爭氣，順應天道而行。倘若自己連動都不動，只會等待上天保祐，或者所言所行，違背天道，上天是不可能加以祐助的。既然天助己助者，人自己也必須按照坎卦的啟示，首先明白處險之道，再憑藉著自己的真才實學，一步一腳印地努力向前，不能心存僥倖。所以坎卦教我們誠意，唯有意誠才能心正，然後依中道而行，力求脫離險阻。

離卦（䷝）啟示我們：人有聰明才智，可以參贊天地的化育。既然要順應天道，就不該驕狂自大。不幸的是，科技發展神速，造成人的狂妄，滿心以為人定可以勝天。於是乎天不必遵、地不必法，往昔的經驗也不必重視，古聖先賢的話也不必聽從。一意孤行，只想要創新，求突破；要快速，求特效。一心想要征服他人、征服高山、征服自然，卻征服不了自己的貪婪、私心、自大和吝嗇。

日月附著於天而普照，這是離卦的卦象，讓我們領悟到上下通明，必須有所附著。人的聰明才智，也應該附著於倫理道德之上，凡事以正大光明為依歸，這樣的科技發展，才有益於人群社會。否則，一切成就到頭來，終究躲不過人類慘遭滅絕的厄運。請看今日已有許多物種，正快速地在世界上絕跡中，便不難想像人類滅絕那一天的到來。

坎 ䷜ 29

- 人生難免遭遇艱難險阻，必須設法解救。
- 人類瀕臨滅絕，必須由人類自救。
- 上天祐助，只會幫助那些順應天道的人。
- 人類自救，必須依循天道而行。

離 ䷝ 30

- 順應天道，就不應該驕傲自大。
- 現代科技發展相當神速，
- 卻不幸造成人類狂妄自大，想要征服一切的心態，
- 可惜卻征服不了自己的貪婪、私心、自大和吝嗇。

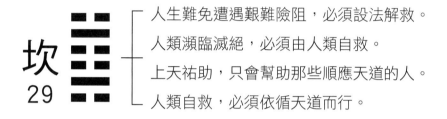

六．水深火熱有其深層意義

水深火熱，通常用來形容生活的痛苦。然而，真正深一層的意義，則更值得我們玩味，並且引以為戒。坎卦（䷜）初六迷惘失措，主要原因有三：一是年輕人初入社會，對於人情世故不甚瞭解，卻自視甚高，認為只要有能力，多方表現，自然就會受人敬重。殊不知，家家有本難念的經，行行都有不一樣的規矩，倘若不能入境問俗，必然挫折連連，備受打擊。二是老人看新人，大多存心觀望，往往袖手旁觀、見死不救，看看能出什麼洋相。三是新手遇險，大多缺乏經驗而難以逃脫，若是無人救援，豈不是更為可怕？水的深處，在漩渦之中還有漩渦，即使深諳水性，也應該敬慎從事，以免藝高人膽大，精於水者反而死於水。

離卦（䷝）九三、九四兩爻，夾在上火、下火的中間，火力最強，實在相當酷熱。九三、九四位居人道，啟示我們：天道、地道，都不怕火，只有人在天地之間，最怕火災受難。老闆好當，員工也好當，只有幹部夾在中間，最為艱難。發生火災時，老闆發火，自己卻最先離開火場。員工大喊：「著火了，快來救火」，自己卻躲在一旁。因為明白自己救不了火，不如躲開，以免妨礙救火。只有幹部最辛苦，不但要趕緊通知消防隊，指揮搶救重要物品，還要隨時向老闆報告目前情況。若是幹部能力不足，不三不四、老三老四、顛三倒四，都足以導致更火熱的危急情況。

坎的上六，表示浮出水面，即將脫險，卻由於沉不住氣，連岸上丟過來的繩索都拉不著，最後終於虛脫乏力，再一次沉入水中，當然任誰也解救不了。自作自受，莫此為甚。

坎 ䷜ 29

上六，三歲不得，凶。

初六，陷險愈深而凶。水的深處最是危險。

離 ䷝ 30

九四，聰明誤用。
九三，日昃(ㄗㄜˋ)，凶。

火愈燒愈熱愈痛苦。

水深火熱

我們的建議

1 由於科技發展神速，人類忽視離卦的警示，頻頻濫用科技，破壞自然生態，顯示人的聰明才智，已經不再附著於倫理道德之上，因此突如其來的變化，使人有「焚如、死如、棄如」的感覺。若是不能及早覺悟，恐怕難逃滅絕的命運。

2 坎卦教人誠意，離卦教人明理。若是缺乏誠意，當然難以明理。就算明白，也不可能付諸實踐，等於不明。不能明理，也就不可能誠意。世上虛情假意的人很多，實際上即是不明理，不知道離卦的真義，也無法正心的表現。

3 誤用聰明，比不聰明更為可怕。耳不聰、目不明，在某些場合，反而更為有利。可見聰明必須附著在倫理道德上面，發揮中道的精神，才能真正造福人群社會。

4 天不怕火，地也不怕火，只有人最怕火災。天地都沒有隱私，即使照耀得再明亮，也不必擔心。人很難沒有隱私，所以十分重視隱私權。由此可見，人不如天地，不夠光明磊落，必須反躬自省。

5 水愈深愈陷愈險，初入社會者要特別謹慎，否則承受不了壓力，就會跟著同流合污，對學校所學喪失信心，認為學校教的不實用。其實這是自己不對，不應該責怪學校。

6 愈烈的火烤得愈厲害，愈熱的地方就愈難受。好不容易當上幹部，似乎脫離了水深的險陷，卻又進入火熱的階段。如何合理地承上啟下，應該是人人必修的重要課題。

《第七章》

既濟六爻

有什麼啟示？

成功時最怕得意忘形，招來後患，
此時必須限速、減速，才能安全无咎。

不服氣的人，可能會以各種方式洩憤，
最好能夠保持冷靜，自然會有人出面處理。

成功之日，並不能高枕無憂，
此時小人往往伺機而動，更要密切注意。

接續下來的許多問題，防不勝防，
必須終日提防戒備，不能稍有一刻大意。

保持尚未成功時的誠意和敬慎，
聞過必改，才能夠真正實受其福。

若是由於成功而敗壞倫理道德，
免不了由安全重回險難，終將無法持久。

一．初九濡其尾防惹火燒身

既濟（䷾）離下坎上，水在火上，成功地把水燒沸，可供飲用。水火既濟，引申為完成任務，大功告成。

卦辭說：「既濟，亨小，利貞，初吉終亂。」

從卦象看，坎水在外代表環境險阻，而離明在內表示凡是成功的事情，不過是小事。所完成的任務，就算現在覺得很了不起，將來事過境遷，也只是小事一樁。既然「亨小」，「利貞」也就不可能完全，所以說「初吉終亂」。留下來的後遺症，終有一天會釀成亂局。「亨小」一方面告訴我們，要求「亨大」還得繼續努力；一方面也提醒大家，只要有小部分不亨通，便會因小失大，造成後患，很快又會從成功轉變為失敗。

初九爻辭：「曳其輪，濡其尾，无咎。」

初九以陽爻居陽位，既當位又充滿衝勁。從卦象上看，是離明的開始，前途一片光明，當然精神煥發，迫不及待要向前衝刺。「曳」是拖曳，也就是現代的煞車器。乘車的人，先踩一踩煞車，看看靈不靈？以免開得太猛了，要煞車也煞不住。「濡」是浸濕，小動物十分聰明，看到前面有火，先把自己的尾巴浸濕。因為尾巴是最容易被火燒著的地方，必須預先做好防患的準備。否則一旦尾巴著火，豈不是前功盡棄？〈象傳〉說：「水在火上，既濟；君子以思患而預防之。」意思是不怕一萬，只怕萬一。愈是有把握，愈是接近完成，就愈需要提高警覺，思患預防。「凡事豫則立，不豫則廢」，事先做好周全準備，試試煞車，把自己的弱點防護好，以免衝刺途中發生任何閃失，這才是无咎的安全保障。

既濟 ䷾
63

初九，曳其輪，濡其尾，无咎。

眼看成功在望，最好保持冷靜，設想得更加周全，以防因小失大。只要有一點問題，就可能帶來嚴重的後遺症。此時切忌興高彩烈，以免得意形。要記住失敗為成功之母，而成功同樣也是失敗之母。剛剛起步的這一段路，千萬要走得平安順利，以免剛開始很吉祥，緊接著又出現禍患。限速、減速，安全第一，才能確保无咎。

限速、減速，試踩煞車，以策安全。

二。六二勿逐不致輕舉妄動

初九當位，又與六四相應，只要謹慎小心，應該就可以有效防患。六二陰爻居陰位，又是下卦的中位，既中且正。下卦為離（☲），有明辨而後篤行的良好修養。凡事不輕舉妄動，有時候還要隨緣，自然可以化解掉很多困擾與障礙。

六二爻辭：「婦喪其茀，勿逐，七日得。」

「茀」是婦女戴在頭上的首飾，「喪」為丟失。「婦喪其茀」，表面上好像是說婦女遺失了頭上飾物，但實際上則是說自己成功了，卻沒有獲得獎賞。似乎臉上無光，有如婦女丟失首飾一樣，不能彰顯美貌，難以展現才華。

以「婦女丟失首飾」為喻，用意在提醒成功人士，雖然不法之徒不敢直接衝著他來，卻敢偷走妻小的飾物。這時候用不著緊張，更不必生氣，只要耐心等待，大概在一週之內，就會有人抓到小偷，前來奉還丟失的飾品。錦上添花的人多，雪中送炭的人少，原本就是正常現象。如果大張旗鼓，非要將小偷加以緝捕，鬧得滿城風雨，反而會落人話柄，實在是得不償失。

有貢獻的功臣，在事成之日未能論功行賞，同樣不用著急，耐心靜待數日。等到一切底定，自然就會得到妥善處理。

小象說：「七日得，以中道也。」

「七日」只是大概一週的意思，並不一定是七日，也可以看做「不久」的意思。不必著急才合理，也就是合乎中道。還有一種可能，即指成功之日還有一些枝節的問題。若是已在掌握之中，也不必急於一時，可採取以靜制動、靜觀其變的方法。讓對方著急，自己保持冷靜，這樣的做法才合乎中道。

既濟 63 ䷾

六二，婦喪其茀ㄈㄨˊ，勿逐，七日得。

成功人士他人不敢加以攻擊，若是遇到不服氣的人，就會對周遭的人動手動腳，發洩一番。這時候保持冷靜，自然會有熱心人士出面處理。成功之日自覺很有貢獻，卻並未獲得應有的獎賞，此時最好沉得住氣，靜候數日，待一切底定，自然會有眉目。成功之時，尚有一些枝節小事，若是胸有成竹，不妨靜觀其變，對方著急而我不急，這樣的做法才合乎中道。

沉得住氣，以確保成果。

三．九三艱難困乏勿用小人

既濟（䷾）九三爻辭：「高宗伐鬼方，三年克之，小人勿用。」小象則說：「三年克之，憊也。」

「鬼方」是商朝北方的一個部落，殷高宗興兵討伐，費時三年，才得以平定戰亂。經過這一次戰爭，什麼人是英雄，什麼人是狗熊？哪些人是君子，哪些人又是小人？雖然已經十分清楚，但由於大家都疲憊不堪，亟待休息，所以此時並不適合打狗熊、殺小人，以免引起內部紛爭，不得安寧。

那要怎麼辦呢？難道是非不明，讓小人有可趁之機為非作歹，如此一來，豈不是更危險、更可怕、更不得安寧嗎？孔子說：「敬小人而遠之」，領導者心知肚明，在獎賞的時候，有功的晉升、加薪；小人則多少給一點錢，不要撕破臉，或者安慰幾句，要求下次再表現得好一些。這樣算是姑息養奸嗎？好像並沒有「養」的心，所以也不會產生「奸」的後果吧！

君子嫉惡如仇，非置小人於死地不可，其實也是一大亂源。唐代郭子儀，獲得四朝皇帝賞識，卻屢遭小人攻擊。但是他心胸廣闊，不記恨、不復仇，從六十五歲到八十五歲，整整二十年間身繫天下安危，能夠與小人相處，卻不為其所害。這是一般以君子自居者所難以做到的，但是郭子儀卻做到了。小人尚能存在，意謂惡貫尚未滿盈。一旦惡貫滿盈，是沒有理由不被收拾掉的。惡貫尚未滿盈，我們就要收拾他，未免有些過分。若是社會安定，大家養精蓄銳，有能力治理小人時，當然可以下手。若是眾人已經疲憊不堪，社會不得安寧，這時不如「小人勿用」，防止其害即可。

既濟 63 ䷾

九三，高宗伐鬼方，三年克之，小人勿用。

成功之時，由於長期的努力奮鬥，很可能大家都已經疲憊不堪。這時候賞罰分明，勢必引起小人反彈，徒然增加內部不安。所以要多賞少罰，對小人也不能趕盡殺絕，最好不要撕破臉，給予其改過自新的機會。雖不能明言，但只要心知肚明，先達到「敬小人而遠之」的效果即可。等待休養生息之後，再找機會予以處置也不遲。

小人勿用，但也不要撕破臉。

四。六四終日戒應加強防患

既濟（䷾）六四爻辭：「繻有衣袽，終日戒。」

同樣是衣服，新而華麗的，叫做「繻」；舊而破裂的，稱為「袽」。華麗的衣服，很快就會變成破舊，便是「繻有衣袽」，用來譬喻成功之後，接踵而來的種種問題很可能會產生禍患，使成功的美夢變成一場幻象，很快就破滅了。

以個人為喻，就好像是被勝利沖昏了頭，變成另外一個人似的。以前有人來找他，都覺得是好意相助；現在有人來找他，卻認為是必有所求，因而六親不認，翻臉無情。讓人感覺他不愛任何人，只愛自己，料想很快就會嚐到眾叛親離的滋味，這種人不敗也難。或者僥倖成功了，卻受不了種種誘惑，不但終日花天酒地，傷了身體，而且又愛錢如命，不知選擇，以致各種罪惡瞬間集於一身，毀壞了名譽、喪失了信用，試問怎麼能耐久呢？

再以組織為喻，一間公司蒸蒸日上，眼看就要成為同業裡的龍頭。然而，卻在短短一、兩年內，有如高山崩裂般宣告破產，這又是什麼道理？我們知道一家公司要興盛，需要一百二十個優良的因素，而要失敗，往往只要一個窟窿就夠了。失敗時想要東山再起，實在是難上加難。成功後忽然遭遇重大的失敗，則是常見的不幸。守成比創業更難，這是創業者很難想像的事，只有守成的人，才會心中有數。

小象說：「終日戒，有所疑也。」

「疑」是懷疑，凡是懷疑心重的，必然警覺性也很高，稍有風吹草動都不放過。「終日戒」，終日提防戒備，不敢稍有疏忽，以確保得來不易的成功果實。

既濟 63 ䷾

六四，繻(ㄒㄩ)有衣袽(ㄖㄨˊ)，終日戒。

新的衣服會變成破舊的，新的傢俱會變成老舊的。成功會引發很多新的問題，一旦解決不了，就會造成禍害。對成功的人而言，各種誘惑隨之而來，一旦抵擋不住，便會掉入陷阱。對公司組織而言，一個不起眼的小窟窿，很可能會惡化成難以補救的大洞。成功者忽然變得六親不認，好像只愛自己，不愛任何人，這也是常見的現象。唯有提高警覺，任何風吹草動都不輕忽，才能確保得來不易的成功果實。

若是船底出現小破洞，隨時都會有沉沒的可能。

五．九五實事求是因而受福

既濟（䷾）九五爻辭：「東鄰殺牛，不如西鄰之禴祭，實受其福。」小象說：「東鄰殺牛，不如西鄰之時也。實受其福，吉大來也。」兩者的主要差異，即在「時」也。尚未成功的時候，小心謹慎，唯恐有所疏失。成功之時，想要居安思危，卻往往只能「居安」，而難以「思危」，因為找不到「危」在何處？「東鄰殺牛」，指的是和「西鄰不殺牛」的相對位置，並不一定是東鄰殺而西鄰不殺。殺不殺牛，意思是「隆重」與「微薄」的不同。「東鄰」、「西鄰」，代表不一樣的時勢。而殺不殺牛，表示祭拜人的心意是不是誠懇堅定。一般說來，尚未成功時的祭拜，雖然祭品微薄，但心中虔敬，因為有所祈求，所以執禮甚恭。一旦成功之後，雖然祭品豐厚，卻只有償還人情的感覺，有時甚至覺得自己比神靈還要偉大，認為若是不祐助我，還有誰可以祐助的呢？因此形式上禮拜，內心卻缺乏虔敬。我們虛擬一下，站在神靈的立場，會喜歡哪一種呢？當然是祭品微薄而恭敬虔誠。所以說東鄰只是形式好看，卻不如西鄰那樣實受其福。神靈所要的，是精神上的虔誠禮敬，並不是物質上的豐厚祭品。唯有精神上滿足神靈的需求，才能夠「吉大來也」。

未成功時祈求神靈，成功之後利用神明，這是「成功為失敗之母」的關鍵所在。因為神靈比人更加靈光，看得格外分明。人好騙，神靈不好騙。我們心中是否恭敬虔誠？別人不容易察覺，但神靈連眼睛都不必張開，便能夠完全明白。孔子說「祭神如神在」，意思是祭不祭自行決定，不必勉強。倘若決定要祭，就應該恭敬虔誠，不可視同兒戲。

既濟 63 ䷾

九五，東鄰殺牛，不如西鄰之禴(ㄩㄝˋ)祭，實受其福。

成功之前祈求神靈，成功之後利用神明，這是「成功為失敗之母」的關鍵所在，不可不慎。「東鄰」、「西鄰」，只是相對的，表示不同的場所，不一定要固執於東方或西方。殺牛當祭品，大多是在成功之時，才有這麼大的氣派。可惜祭品豐厚，祭拜者卻趾高氣昂，心中不一定虔誠。而祭品簡單微薄，代表尚未成功，這時因為內心有所祈求，所以大多恭敬虔誠。兩相對比，哪一種才能實實在在有好的福報？想必大家都心知肚明。

成功時謝天謝地，感謝各方人士，務必內心真誠。

六、上六提醒守成更為困難

既濟（䷾）上六爻辭：「濡其首，厲。」

離下坎上表示火在下而水在上，譬喻人的成功過程，就好比從火熱逃到水深，然後脫險而出。小狐狸在初九爻位，感覺火熱到難以忍受，趕緊浸濕尾巴，以求自保。後來脫離火熱的離下，來到水深的坎上。好不容易浮上水面，卻又連頭部都浸濕了，由安全中掉回險難，終將浮不起來而沉沒，豈非前功盡棄？「厲」是危險的意思，頭部沒入水中，整個身體都沉沒了，還不夠危險嗎？所以小象說：「濡其首，厲，何可久也！」高興得把頭都浸濕了，當然不可能持久。

大凡成功的人，都是從火熱當中脫困而出，就好像火燒屁股那樣，逼得自己奮勇向上，力求提升。接著，經歷了很多水深的坎陷，吃盡苦頭，也冒足了危險，才逃脫水深火熱的苦難，獲得成功的甜美果實。殊不知，成功得來不易，但沉淪淹沒卻總在頃刻之間。既濟卦初九的「曳其輪」、「濡其尾」，六二的「勿逐」，用意都在提醒成功者一定不能輕舉妄動，以免成功的果實瞬間化為泡沫幻影，令人惋惜。九三的「小人勿用」，六四的「終日戒」，告訴我們成功不易，必須思患預防。正如大象所說：「水在火上，既濟。君子以思患而豫防之。」九五的實事求是，是得以長保成功果實的重要原則。唯有站在成功的基礎上，繼續展開另一番奮鬥，這才是合乎中道的做法。若是由於成功而驕傲、怠惰，不但前功盡棄，而且有如上六的「濡其首」，一下子便沉淪滅頂，豈不是如卦辭所說的「初吉終亂」？從雲霄上墜落無底深淵，既害己也害人。

既濟 ䷾
63

上六，濡ㄖㄨˊ其首，厲。

成功的人，大多都是從火燒屁股般的痛苦情境中，被逼得奮勇向前，不斷充實自己並向上提升。好不容易來到水中，燒烤的威脅沒有了，接著便要面對水深的坎險。歷經水深火熱，終於獲得成功，倘若這時興奮過了頭，忘記自己才剛剛浮出水面，竟然把頭部也給浸濕了，連帶著整個身體也都快速向下沉淪，從安全又掉入危險之中，成功便會如同泡影般，轉瞬間就消失不見了！

初吉終亂，功敗垂成。

我們的建議

1 成功是大家所期望的目標，當然也是所期待的成果。然而既濟六爻的爻辭，只有初九「无咎」，上六「厲」，其餘四爻，都沒有一個「吉」字，可見成功得來不易，也未必是件好事情。提醒大家，不要對成功抱有太多幻想，以免失望。

2 下卦離，象徵火熱；上卦坎，表示水深。受不了火熱的煎烤，便向上提升，以求安全，然後又承受很多坎險。一心一意，想要逃脫這「水深火熱」的痛苦，可說是人們追求成功時的最大動力。

3 好不容易浮出水面，卻由於興奮過頭，把頭都給浸濕了，以致整個身體向下沉淪——這可說是自作孽，誰都救不了。向上提升很困難，向下沉淪卻十分容易，所以務必特別小心。

4 初九是陽爻，代表精神。一個人會向上提升，大多都是憑藉著精神的力量。上六是陰爻，代表物質。一個人會向下沉淪，多半都是受到物質的引誘。地位愈高，愈有機會受到金錢、物質的誘惑。倘若把持不住，很快就會沉淪淹沒，當然十分危險。

5 想要脫離水深火熱，一切都要靠自己。求神不如求人，求人不如求己。憑藉自己的實力，卻不能驕傲自大，最好口口聲聲說是「上天祐助」、「運氣好」，以免招人嫉妒，惹禍上身。

6 既濟卦「初吉終亂」，啟示我們成功很難得，但是要保持成功的果實則更加不易，已經初步引出「不了了之」的概念。若要深層體會「不了了之」的真意，還需要繼續解讀未濟卦，才能做出全盤瞭解。

《第八章》

未濟六爻
有什麼啟示？

涉世未深、缺乏經驗的人，很不明智，
往往在難以完成的情況下，徒增困擾。

必須擺脫庸人自擾的陰影，從頭開始，
尋找正確的方式和途徑，以求早日既濟。

在未濟中堅持既濟的目標，
發揮自己的實力，務求有為也有守。

即使表現得再好，也不能功高震主，
獲得上級的信任時，更應該謙恭守分。

夏日炎熱，令人無法承受，
不如冬日的太陽，使人倍覺溫暖。

成功在望，必須多方節制，以免發生意外，
稍有疏忽，便可能前功盡棄，毀於一旦。

一、初六濡其尾表示不知極

未濟並不表示沒有完成或不能成功，《易經》不喜歡使用這種否定的語氣，以免令人失望、消極，甚至於喪失信心。未濟（䷿）坎下離上，上卦為離，表示光明在望；下卦為坎，告訴我們現在仍處於險難之中。若是能夠克服險阻，安渡難關，便能獲得光明的前景。未濟只代表尚未完成，還沒達到成功的境界。卦名和卦象，都充滿了積極、鼓勵和希望的寓意。

卦辭說：「未濟亨，小狐汔濟，濡其尾，无攸利。」

未濟是通往既濟的道路，前途光明，和既濟一樣，都是「亨」。「汔」是接近的意思，小狐狸渡河，快要接近彼岸的時候，「濡其尾」，把尾巴浸濕了。小狐狸力氣小，尾巴浸濕就舉不起來，以致渡不成河，對渡河的完成沒有好處。

初六爻辭：「濡其尾，吝。」

未濟（䷿）初六以陰爻居陽位，表示不自量力，想要以弱小的力量去支援九四，以求相應，結果把尾巴都浸濕了，使救援工作更加艱難，令人惋惜。

小象說：「濡其尾，亦不知極也。」

「知」是明智，「不知極」表示非常不明智。身處險境，居然還把尾巴浸濕了，更加難以逃脫，實在是不智之極。

既濟（䷾）初九同樣是「濡其尾」，為什麼无咎呢？既濟是快要成功了，唯恐衝得太快，所以「濡其尾」以求減速，當然无咎。未濟（䷿）初六是身陷險中，卻「濡其尾」增加行動的困難度。這種力不從心、不自量力的行為，實在十分不智，所以令人惋惜。但只要不吝而悔，用心改善，仍然是有可為的。

未濟 64 ䷿

初六，濡ㄖㄨˊ其尾，吝。

未濟坎下離上，初六在水的這一岸，剛剛準備入水，希望能夠安渡彼岸，可惜卻不自量力，不明白自己就像小狐狸那般體弱無力，竟然在入水之前，就先把自己的尾巴浸濕了，徒然增加渡河的困難度。對於這種不智的舉動，還不知道悔悟，依然找理由為自己辯解，所以說：「濡ㄖㄨˊ其尾，吝。」

不自量力、不夠明智，徒然增加成事的困難度。

二、九二曳其輪正道而得計

未濟（䷿）九二爻辭：「曳其輪，貞吉。」

初六是從岸上進入水中，「濡其尾」徒然增加渡水的困難，可謂不智之極。九二意味由水中即將登上陸地，和既濟的初九相似，最忌諱「欲速則不達」，所以「曳其輪」，以求減速，才是適當的做法，能收到「吉」的效果。九二以陽位居下卦的中位，本身雖不當位，卻與六五的柔居正位取得良好呼應。九二能夠以合理（中）的方式，走上有效（正）的途徑，自然吉祥。這裡特別加上了一個「貞」字，用意在於提醒大家：把初六的吝，改變成深有悔意。將九二當做新的起點，眼看著就是既濟（䷾）的開始。具有這種正確的念頭，又能堅守合理的操守，才會吉；反之，則不吉。

去掉未濟（䷿）的初六，把它變成上六，就會成為既濟（䷾）。身在未濟，心中也一直想著未濟，當然心想而事成，無法突破未濟的難關，始終困於未濟的狀態。身在未濟，卻能夠心存既濟，時時尋找良機，才有可能突破未濟的難關。擺脫初六口是心非、推拖卸責的心態；改以心中有悔，意志堅定，決心要從頭做起的積極行動。於是，以九二為再接再厲的新起點，依據既濟（䷾）的初九啟示，用「曳其輪」來重新出發，自然能收「貞吉」的效果。這種在未濟中心存既濟，在未濟中尋求既濟的妙方，才是通往成功的康莊大道。否則，一天到晚想著未濟，承受自己心理暗示的折磨，難以擺脫失敗的陰影，腦海中充滿消極的負面思維，怎麼能夠化未濟為既濟呢？把未濟當做既濟的前奏，內心充滿了既濟的希望，如此一來，就比較容易沉得住氣，能夠早日走上既濟的大道。

未濟
64

九二，曳其輪，貞吉。

擺脫初六庸人自擾，以及因為不明智而徒增自己困難的陰影，重新開始。把未濟的九二看成既濟的初九，以期在未濟中看出既濟的可能，在未濟中存有既濟的希望。用「曳其輪」的方式，達到減速、限速的效果，以免「欲速則不達」，反而耽誤到正事的完成。只要目標明確、意志堅定，並依循合理的方式與途徑，堅持這種可貴的操守，自然能夠獲得吉順。

雖然未濟，仍應存有既濟的希望。

三．六三未濟征凶利涉大川

未濟（䷿）六三爻辭：「未濟，征凶，利涉大川。」

「征」有行動的意思，「征凶」表示冒然行動會帶來凶險。既然「征凶」，為何又能夠「利涉大川」？前後文意似乎有所矛盾。因此有人主張在「利涉大川」前，加上一個「不」字。或者，也可以解釋為：雖然行動可能帶來凶險，若是能夠突破困境，找到出路，抱持「置之死地而後生」的決心，也就有利於渡過大河了。以上兩種解釋都說得通，我們將兩種說法並列以供參考。換句話說，來到「未濟」變成「既濟」的臨界點，端視能不能突破困境？有沒有堅定的決心？才能斷定最後結果是「利」或是「不利」。

九二的小象說：「九二貞吉，中以行正也。」九二為下卦的中位，居中位行正道，所以貞吉。六三的小象則說：「未濟，征凶，位不當也。」九二將未濟當做既濟的前奏，六三卻提示即使有既濟的理想，也不能忘掉未濟的現實。就算快要登上陸地，還是不知道登上陸地以後，會有什麼樣的遭遇？六三以陰爻居陽位，表示不當位，也就是失位，雖然有出險的可能，實際上仍未脫離險阻。在情勢尚未明朗之前，不宜貿然採取激烈的行動，因此「不利涉大川」。

然而，六三雖不當位，卻有上九的相應。由於六三和上九畢竟還有一段距離，並不瞭解中間會產生什麼樣的變化？若是冒然採取激烈的行動，必然招致凶險，也就是「征凶」。如果能依循九二「在險難之中仍堅持合理操守」的精神，不偏不倚，也就「利涉大川」，可以奮勇向前。可見事在人為，只要謹慎守正，穩紮穩打，走一步算一步，就算失位，仍要繼續向前邁進，才有成功的可能。

未濟 64 ䷿

六三，未濟，征凶，利涉大川。

剛剛浮出水面，正待脫離坎險。前面是離火，看起來一片光明，但究竟是熊熊烈火，還是冬日裡的太陽？在尚未判明之前，就冒然採取行動，可能招致意外的凶險。能不能「利涉大川」？關鍵就在於自己的態度和行動。若是採取和九二一樣的原則，堅持合理的操守，不偏不倚，就有利於涉渡大川；若是脫離坎險，滿心歡喜，得意忘形，一頭栽進熊熊烈火之中，那就十分不利了。

內外都有壓力，亟須發揮自己的實力。

四、九四已出坎險貞吉悔亡

未濟（䷿）九四爻辭：「貞吉，悔亡，震用伐鬼方，三年有賞于大國。」

小象說：「貞吉悔亡，志行也。」

九四已經脫離坎險，表示從九二到六三，始終堅持合理的操守，所以貞吉。若是六三不顧不當位的風險，冒然採取激烈的行動，這時候必然是後悔不已。現在六三安然登上離（☲）的始爻，就沒有後悔的必要，即為「悔亡」。把六五和九四單獨拿出來看，和震卦（☳）相似，一陽在地下震動，其勢甚猛，用來討伐鬼方，三年有成。「三年」象徵花費很多時日，並不一定是剛好三年。「有賞于大國」，表示這是領受六五的命令，代君出征。九四陽剛而六五柔順，很容易造成功高震主的威脅，導致日後遭逢秋後算帳的悲劇。現在九四居然受到封賞，而且給予「大國」的豐厚獎勵，足可見其志行良好。

將未濟九四和既濟九三對照來看，後者是高宗親征，所以勝利歸來，必須「小人勿用」；前者是代表高宗出征，表現良好又不致功高震主，實在是非常難得，因此獎賞豐厚。六三脫離坎險，表示一個人誠心誠意，接受各種苦難的磨練，完成克服坎險的歷程。九四為離卦的開始，想要把自己的實力貢獻出來，為人群社會服務，以期創造光明的未來。此時必須不畏艱難，即使再困難的工作也要勇於承擔，再遙遠的地方也要不辭勞苦。具有這樣的堅強意志和不折不撓的行動力，自然能夠「悔亡」而「貞吉」。「伐鬼方」表示獲得上級信任，敢於交付委託如此重大的任務。九四能夠柔順事上，把剛健的一面，用以完成艱鉅的任務，而且始終謹守分際，並不功高震主，實在很不容易。

未濟 64 ䷿

九四，貞吉，悔亡，震用伐鬼方，三年有賞于大國。

完成克服坎險的歷程，應該把自己的實力展現出來，以期造福人群社會，創造出光明的未來。此時必須不畏艱難，再困難的工作也要勇於承擔，再遙遠的路途也要不辭勞苦，具有這樣堅強的意志和不折不撓的行動力，自然能夠「悔亡」而「貞吉」。以柔順事上，把剛健的一面充分表現在工作上，用以完成上級所托付的艱鉅任務。

既能表現良好，又不功高震主，自然无悔。

五、六五誠信守正貞吉无悔

未濟（䷿）六五爻辭：「貞吉，无悔，君子之光，有孚，吉。」

六五以陰爻居陽位，雖不當位，卻由於居於上離的中位，既為離明的主爻，也是未濟卦的主爻，所以「貞吉，无悔」。當然，有九二的居中行正，相互對應；又有六三的穩紮穩打，完成克服坎險的磨練；接著九四伐鬼方有功，六五也公正無私，給予大國的封賞，這些都是「貞吉，无悔」的必備條件。六五為上離的主爻，散發出無比的光輝，堪稱君子之光，因此獲得大家的誠心信服，這便是「有孚」的效果，能帶來吉祥。

小象說：「君子之光，其暉吉也。」

「暉」是日色，君子的光彩像陽光那樣燦爛，普照大地。由於以柔居中，所以並不是夏日炎熱，有如火烤般令人無法承受，而是如同冬日的陽光般溫暖，令人覺得十分可愛，捨不得離開。君子的光彩深得人心，能夠帶來吉順。

把未濟六五和既濟六四對照來看，後者因為心有疑懼，只好一天到晚都戒慎恐懼。而前者有如冬日陽光，溫暖眾人身心，當然十分愉快吉順。兩者的不同，起因於既濟九三，是由高宗親征鬼方，三年之間，對每一個人都相當瞭解，雖說「小人勿用」，卻不得不耿耿於懷。而未濟九四，則是高宗委任幹部征伐鬼方，戰勝歸來，受封於大國。君子、小人，用不著高宗親自去賞罰。溫暖的陽光，比較容易讓小人脫掉虛假的外衣，進而改過遷善。終日戒懼，畢竟有如寒風那樣，反而容易逼使小人把虛偽的外衣愈拉愈緊。究竟哪一種方式，更符合人性的需求呢？請大家各自領悟，相信很快就能瞭然於心。

未濟
64

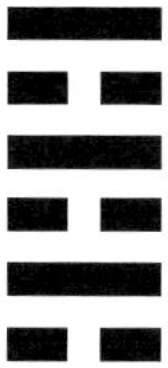

六五，貞吉，无悔，君子之光，有孚，吉。

六五是全卦的正位，雖然以陰爻居陽位，並不當位，卻能夠以柔軟的身段，來完成艱難的任務。有既當位，又居於下卦中位的九二互相呼應，所以「貞吉，无悔」。這樣的領導風格，就有如冬日的太陽般，令人覺得溫暖可愛，普受大家歡迎。不似夏日炎熱，使人無法承受，因而紛紛走避。對人誠信，不欺騙自己，彼此互相信任，自然能夠吉祥順利。

君子的光彩，最好能像冬天的太陽般溫暖可愛。

六、上九因不知節而濡其首

未濟（䷿）上九爻辭：「有孚于飲酒，无咎。濡其首，有孚失是。」小象說：「飲酒濡首，亦不知節也。」

上九為未濟的終位，表示由未濟到既濟的理想，已接近實現的階段。在這種緊要關頭，往往一點小疏忽，就可能釀成大災難。尤其是上九位居上離的終位，更要特別注意「星星之火可以燎原」。「有孚」表示心懷誠信；「于飲酒」則是以飲酒做譬喻。待人誠信而適度飲酒，可保无咎。倘若逸樂過度，不知節制，以致頭昏腦脹，喪失理智，就好比小狐狸把頭都浸濕了，全身濕透了，一下子從即將完成任務的雲端上，重重地摔回原點，也就是漩渦的陷阱，喪失誠信的正道。

未濟〈彖辭〉說：「未濟，亨，柔得中也。小狐汔濟，未出中也。濡其尾，无攸利，不續終也。雖不當位，剛柔應也。」未濟的卦象，和既濟相反，坎下離上，象徵水在下而火反而在上。由於火炎向上，水向下潤濕，以致水火不相交，無法產生交易作用，所以未濟。然而這樣的狀態，又怎麼會「亨」呢？主要是因為領導者六五以柔居中，帶給大家溫暖，所以普受歡迎。小狐狸不自量力，尚未從坎險中脫離，就浸濕尾巴，徒然增加行動的困難，導致後繼乏力，無法到達終點，十分不利。未濟的九二、九四和上九三個陽爻，皆不當位，卻都有陰爻相應，表示在未濟之中，仍存有既濟的希望。只要從初六爻開始，便以理智指導感情。到了上九，還能夠理性地自我控制，則由「无攸利」變成「有所利」，將「不續終」轉為「能續終」，把「火水不相交合」，改變為「火水相濟」，這些都是極有可能發生的良好轉變。

未濟 ䷿
64

上九，有孚于飲酒，无咎。濡(ㄖㄨˊ)其首，有孚失是。

凡事物極必反，未濟來到上九，即將轉成既濟，心中充滿歡喜，難免飲酒作樂，慶賀一番。倘若能夠適可而止，對於鼓舞士氣，尚有積極的激勵作用。若是不知節制，或不能控制，以致頭昏腦脹，偏離了誠信的正道，那就有如小狐狸浸濕了頭，連帶整個身體都會沉入深水之中，回到坎險的狀態而前功盡棄了！

既濟未濟，關鍵就在那最後的五分鐘。

我們的建議

1 未濟的意思，不是不能濟，而是尚未濟。既然還沒有濟，那就永遠都有既濟的可能性。俗話說「天下無難事，只怕有心人」，凡事只要用心，肯付出高度的愛心和耐心，必然就會有既濟的一天。

2 凡事起頭難，所以一定要慎始。每一次開頭，情況不一定相同，務必仔細觀察、分析，然後做出合理的抉擇。小狐狸渡水，要翹起尾巴，以免浸濕；若是要脫離火場，就要先把尾巴浸濕，以避免著火，這些都是因時制宜的明智舉動。

3 未濟時仍要保持既濟的決心。若是認為未濟是不可改變的事實，覺得十分無奈，這種心態就是自暴自棄，任何人都幫不上忙。即使有人很熱心，也終將無濟於事，仍然是未濟。

4 未濟卦的用意，在於提醒我們：先習坎再追求光明，其實也有好處。只要在未濟時，不放棄追求既濟。先承受一些苦難、險陷、凶禍的磨練，等到具有充分的實力和豐富的經驗後，再踏上既濟的光明大道，更能減少功敗垂成的遺憾。

5 未濟時能善終，破除上九的不知自制，便能轉入既濟的佳境；既濟時能善終，避免上六的「濡其首」，也能確保成功的果實，不致墜入未濟的深淵。

6 未濟可怕，而既濟可愛；大家喜愛既濟，卻害怕未濟；追求成功，但不願意吃苦，試問天底下有這樣的好事嗎？請把既濟和未濟兩卦並列，對照各爻的爻辭，仔細玩味一番，相信必有另一番體悟。

《第九章》

既濟未濟

有哪些指點？

既濟、未濟各有三陽爻和三陰爻，
只要各爻上下徹底交換，就互為變卦。

既濟和未濟互為錯卦，六爻皆剛柔相反，
完成時仍應抱持尚未完成的心態，以免驕傲奢侈。

既濟中有未濟的影子，陽中有陰；
未濟中也有既濟的因子，陰中有陽。

《易經》以坎離兩卦作為上經的殿後，
意味著只要人活於世，都免不了坎險離明。

必須將本末、始終、先後明辨清楚，
才能知所因應，做出適時、適地、最合理的抉擇。

天地生水火，天地水火構成了既濟、未濟，
離開天地水火，便無所謂「完成」或「尚未完成」。

既濟未濟原本周而復始

既濟代表一件事情的完成，並非表示整體的結束。即使人類真的滅絕，山河大地仍會持續變化。大自然生生不息，不會因為人類的滅絕而全部毀滅。一個人活在世上，自幼及老，不斷地完成不同的事情。每一次的完成，都是另一次的開始。人的一生，似乎就是活在既濟、未濟的變化之中。我們把既濟（䷾）和未濟（䷿）並列，很容易看出此二卦皆是三個陽爻和三個陰爻的組合體，而且一陰一陽相接，井然有序。所不同的，只是任何一卦的初爻，向上升起，成為上爻；然後其餘各爻，都向下陷落一個爻位，上下徹底交流，就會轉變成另外一卦。既濟的初九急於上進，向上的精神被壓制在地下，爻辭特別提出「曳其輪，濡其尾」的減速、限速建議，便是乾（䷀）卦初九爻「潛龍勿用」的警告在此重現，以免一直向上衝，萬一衝到上位，逼迫其他各爻都逐一下降，立即變成未濟，豈非「欲速則不達」？

同理，未濟的初六，原本就是物質，位居地道最下層的物質界，有如坤卦（䷁）初六的「履霜堅冰至」。若是持續保持現狀，不能受到精神的洗禮，無法增加自己的利用價值，終將有如道路上的堅冰那樣，愈來愈沒有用，因此爻辭提示「濡其尾」，勉人做好萬全的準備，以期接受光與熱的考驗與鍛鍊。破「吝」為「无咎」，向上奮發邁進，抱持總有一天升到上位，也就是化未濟為既濟的決心。促使全卦六爻，產生上下徹底交流的變化，由尚未完成而趨於完成，這才符合未濟卦辭所說的「亨」。究竟能不能亨通？完全由當事人自主，不能也不必怨天尤人。

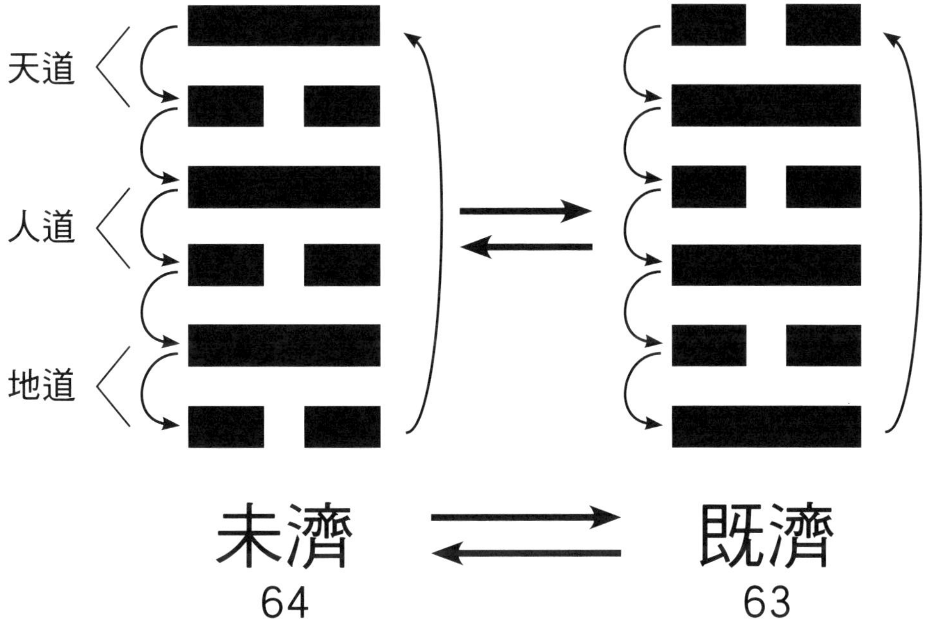

初爻向上升成為上爻，上下徹底交流。

二、變化主因在於質能互變

既濟變成未濟，或者未濟變成既濟，形成兩卦的陰陽爻位置，正好完全相反，這種情形稱為「旁通卦」，又名「錯卦」。陰代表物質，陽代表精神，也就是能量。物質與能量互變，就是我們常說的質能互變。有自然的變，也可以透過人為力量，使其互變。《易經》以人為本，比較重視自主性的發揮。有心改變，往往就能產生改變的效果，這就叫做「心想事成」。

學習《易經》、研究易理的最大功能，其實便是「心易」。用自己的心，來改變自己的處境。以自己的心態，來變易眼前的感受。同時透過妥當的心理建設，來化解各種疑慮和恐懼。既濟的卦辭，僅僅是「亨小」，而且加上「初吉終亂」的警語；未濟的卦辭，反而是「亨」。可見既濟、未濟，最好是由自己的心態來加以認定，不必隨著外界的反應而起伏。

大家認為成功的，未必是真有成就。現在認定成功的，不一定能持久。已經完成的事情，很快又會衍生出很多新問題。外界的認定，往往是居於利害關係，隨時都有改變的可能。不如由自己親身感受，更為輕鬆愉快。把既濟的「亨小」，看做：「目前的成就，不過只是小小的一步，還有待進一步的努力」，因而不驕傲自大，豈不是更好？將未濟的「亨」，看做：「已經接近既濟的邊緣，很快就會亨通」，是不是更為喜悅，更充滿無窮的希望呢？

把未濟看做既濟的前奏，將既濟當成未濟的起點。既濟、未濟，完全都在自己的一念之間。自作自受，在這裡表現得十分明顯。說變就變，可以自行控制，不需要假手他人。「心易」的功能，需要自己體會，也要自己多加練習。

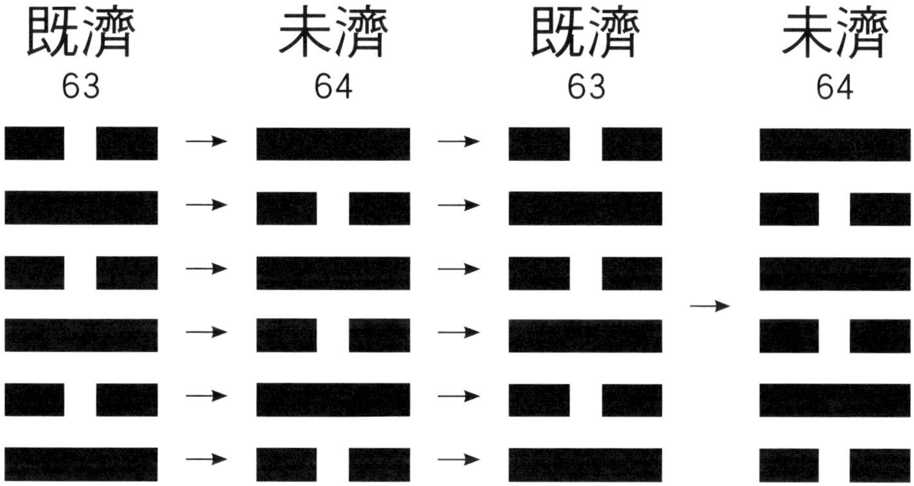

質能互變，各爻完全相反，成為錯卦。
完全由自己的心念控制，便是「心易」。

三、既中且正還需要得其時

「居中為吉」是《易經》的重要觀念之一，卦象中的二、五兩爻，分別位居下卦和上卦的中位。凡陽爻居五位的九五，〈彖（ㄊㄨㄢˋ）傳〉多以「中正」或「正中」來描述；陰爻居二位的六二，則多為「得中」或「得位、得中」。「居中為吉」的觀念，並不僅限於二、五兩爻，還需要和「時」連結在一起，合起來想。「時中」才是中道的大用，現代的說法則是「當時、當地、最合理的平衡點」，隨時可以改變，顯得十分靈活。譬如既濟（䷾）九五，陽爻居於上坎五位，既中且正，又與離下中位的六二爻相應，全卦六爻，也都當位，看起來已經樣樣條件都很美好，但是它的爻辭「東鄰殺牛，不如西鄰之禴（ㄩㄝˋ）祭，實受其福」，仍然提醒我們：在這種極盛的情況下，很容易因為驕傲、奢侈，導致盛極而衰的局面。九五已經處於既濟的完成階段，從「時」的角度看，已至極限，而「位」也隨著無可再進，難免由盛轉衰。所以既濟卦辭以「初吉終亂」來警示，提醒大家思患預防，用意即在於此。

反觀未濟（䷿）九二，以陽爻居陰位，屬於不當位，爻辭卻明示「貞吉」，因為九二、六三、九四、六五的互體，正好是坎上離下的既濟。若是以九二為起點，將初六的「吝」改為「悔」，真心悔悟，便可重新出發。九二「位」雖不當，卻始得其「時」，反而可以大展雄才。

既濟中含有未濟的因子，未濟中同樣含有既濟的因子，這和「陰中有陽，陽中有陰」的大原則完全符合。未完成表示隨時可以完成，已完成的則必須提防功敗垂成，毀於一旦。

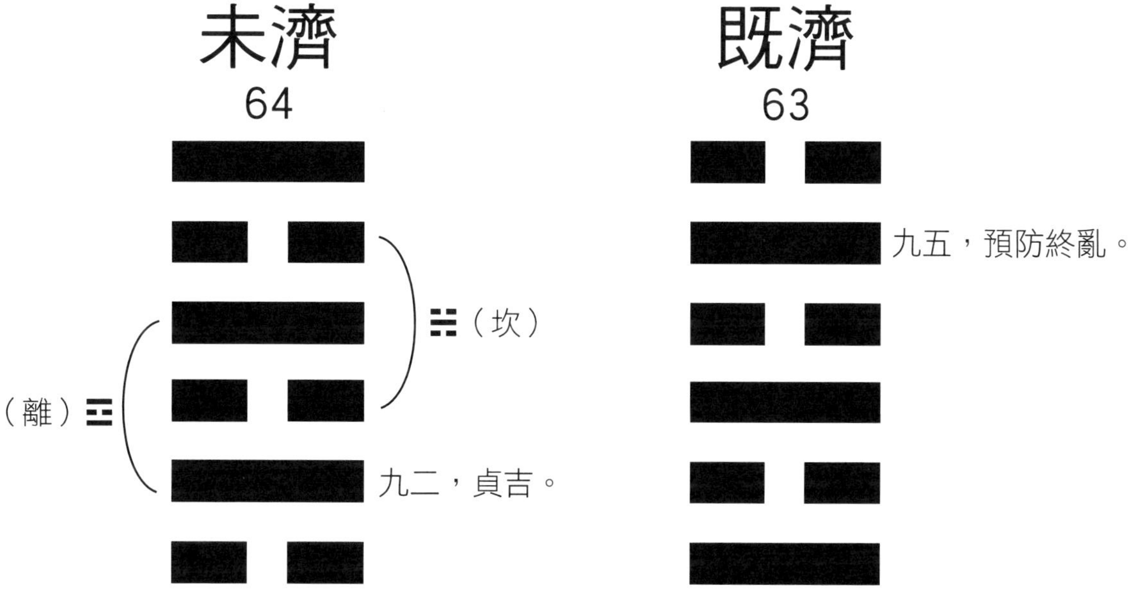

位雖不當，卻得其時。

既中且正，惜不得時。

四、坎險離明人人都有關係

自然生態與生命有機體，實際上都離不開坎水。我們非常在意其它星球有沒有水，用意即在探究人類能不能在那裡生活？水能載舟，亦能覆舟，「坎險」的用意在於提醒大家：必須「慎用」才能有益於人生。習坎是人人都應該學習的課程，可見水和人生，具有至關緊要的密切關係。

水的特性在於「流動」，不流動即成死水，會產生很多問題。然而，流動過度，也可能氾濫成災，構成嚴重的威脅。如何善導、善治、善用，是上天賦予人類的一大特殊任務。

若是只有水，而沒有火的光明照耀，我們就無法看見水，也難以利用它，一不小心還會跌落水中，十分危險。離卦（䷝）的六五和六二，分別居於上離和下離的中位。從卦象來看，很像我們的兩顆眼睛，既大又圓，還能夠轉動。不但是眼觀四方，而且炯炯有神，對一切事物瞭若指掌。世上有了太陽，一切才能夠看得分明。人能觀察事物，可以說是附著在陽光的普照之下。

從人事現象來看，坎卦的用意在於教人「誠意」；而離卦的作用，則在教人「明理」。不誠意，很難明白道理。若非固執己見，便是居於私利而產生偏見。不明白道理，基本上就表示心不正而意不誠，用不著懷疑。人最好能明白知識的作用，弄清各種事物的性理，然後以所學的知識來指導自己的情感，使自己能夠意誠心正，把身修好。再以端正的身心狀態來妥善運用知識，造福社會人群。

習坎和離明，是人類創造文明的兩大主要因素。我們的生活，也都離不開水火。能夠妥善面對、因應坎離，生活自然美滿。

坎 ☵

像一條船，在兩岸之間行駛。
必須正心誠意，才能安渡。
水能載舟，亦能覆舟。
習坎的過程，人人都應該修習。

離 ☲

像人的眼睛，炯炯發光。
明白事理，面面俱到。
看走了眼，戴有色眼鏡。
都將自作自受，自食其果。

坎險離明，與每個人都有密切關係。

五、本末終始先後要分清楚

坎險、離明的關係位置，影響到事情的既濟、未濟。離下坎上，代表有限度的既濟，所以〈象傳〉明白指出「小者亨也」，表示完成一件事情，只能在有限的範圍內亨通，倘若超出這個限度，那就「其道窮也」，不可能亨通。

所謂「長江後浪推前浪，前浪死在沙灘上」，後來的人，逐漸否定了前人的成就。西方人說：「吾愛吾師，但吾更愛真理」，學生否定老師，還認為這是進步的必然現象。所幸炎黃子孫知道「前事不忘，後事之師」的道理，若是沒有前浪的引導，後浪怎麼可能衝得那麼遠、那樣順遂？為了不忘本，我們尊重師承，常常把自己的創見，看做是老師的延伸，歸功於老師的啟發。

而坎下離上，代表無限度的未濟。宇宙的事物，原本無窮無盡。人的一生，即使再勤勞、再努力、再明智，也無法把自己想做的事情完全做好，也不可能把自己想知道的真相全部弄清。何況一件工作完成之後，緊接著又會產生若干變化，衍生出某些問題。人的壽命和精力都是有限的，當然不可能在無限的未濟當中畢其全功，充其量只能完成有限的既濟。古今中外，每一個人的共同命運即為「不了了之」，並無一人例外。

既然如此，我們最好把本末、終始、先後分辨清楚。做應該做的，不要做不應該做的，才是「本分」；做自己才智做得好的，不做那些自己才智做不好的，稱為「守分」。乍聽之下，似乎十分消極，實際上，我們天生都有個別差異，一生當中，只要能把自己的本分做好，便是最合理的安排。至於「不了了之」，也是無人例外的共同結局，不如坦然接受。

既濟表示有限度範圍的成功，
只在小範圍內亨通有利。
未濟代表宇宙的事物無窮無盡，
沒有人能夠完全弄清楚、搞明白。
人生於世，皆有個別差異，
發揮自己的特長，便是守分的表現。
每一個人的時間、精力都相當有限，
充其量只能完成有限度的任務。
古往今來，人人都不了了之，
我們又怎麼可能例外？

六、天地水火構成既濟未濟

乾（䷀）、坤（䷁）兩卦，是《易經》的開始；而既濟（䷾）、未濟（䷿）兩卦，則是《易經》的終究。坎（䷜）、離（䷝）兩卦，位於上下經之間，成為《易經》的樞機。有天地才有水火，有乾坤即有坎離。乾坤兩卦的中爻互易，便是坎（☵）、離（☲）。〈說卦傳〉曰：「坎為月」、「離為日」，日月循環而分晝夜寒暑，使我們逐漸產生時間的概念。由於每一個人的壽命有限，顯得時間並不夠用。把未濟放在既濟的後面，即在提醒大家：只要用心把自己的事情辦妥，不必過分熱心，把後代的事情也一口氣辦完。「兒孫自有兒孫福，莫與兒孫作馬牛」，有很多人，自己的事情不用心，卻喜歡為兒孫操心，實在是本末顛倒、輕重不分，把先後次序完全搞錯了！

既濟時想到未濟，就不致驕傲自大，自認為功高蓋世。因為在自己的專業領域之外，還有更為寬廣的世界。運動員獲得金牌大獎，立即想起自己年紀夠大，下次不一定有機會參賽，所以大鳴大放；若是確信自己下一次還有機會參賽，便會擔心可能出現黑馬，出其不意對自己構成很大的威脅，於是自然而然就會收斂一些，不至於那樣的不可一世，似乎在對外宣示：自己的運動生涯，已經來到頂端。接下來，就像拋物線到了頂點以後，必然快速向下墜落，豈不是很不吉利？「勝不驕，敗不餒」、「勝敗乃兵家常事」、「不以成敗論英雄」……這些與既濟、未濟相關的道理，現代人似乎全忘光了！

「成者為王，敗者為寇」，不過是「既濟」的有限認定；「不以成敗論英雄」，才知道「未濟」的可貴。然而一旦時過境遷，仍終將不了了之。

既濟 ䷾
63

一時的成功。

勝者為王，敗者為寇。

坎離的關係良好。

既濟時用不著驕傲自滿。

不要忘記天地水火的恩情。

未濟 ䷿
64

長期的摸索。

不以成敗論英雄。

坎離的關係不良。

未濟時不需要洩氣。

還有無限的進步空間待努力。

我們的建議

1 如果只有既濟，後面不緊跟著未濟，表示一切都已經完成，未來不再產生變化，世界從此停止，陰陽不再互動……天地萬物，包含人類在內，恐怕都將趨於毀滅了。

2 幸好既濟之後還有未濟，雖然人人都不了了之，但只要江山不老，新一輩的人才傳承得宜，自然能夠像接力賽跑那樣，一棒接著一棒，十分順利地持續向前邁進。又何必擔心後繼無人，堅持非得由自己來完成不可呢？

3 能完成的我們當然不推辭，不能完成的也就讓它不了了之吧！其中最重要的關鍵，即在於自己的心安不安？倘若是心安理得，不了了之又有什麼不好？心安理得地，禮讓給比自己更高明的人來完成，這樣的推辭難道不好嗎？心安不安最要緊。

4 既濟、未濟，從有限的角度來看，是有一些不同；若是從無限的角度來看，似乎沒有什麼兩樣。能做到「勝不驕、敗不餒」，表示心胸廣闊、目光遠大，顯得更有氣度。

5 既然人生在世，無法把事情完全辦妥，不妨先把自己的品德修養好，充實自己的才智，然後依據本末、輕重、先後，做那些重要的事，而不是忙於緊急的事務，如此才是正道。

6 未濟卦水下火上，象徵水向下流，火向上燒，彼此互不相交，不相往來，不符合事物發展變化的自然規律。但只要隨時停下來，重新開始，著重和各方面的交感作用，很快就能化未濟為既濟了。

《第十章》

如何看待
既濟和未濟？

人的生活，脫離不了水深火熱，
既要接受各種挑戰，也要承受各種壓力。

起起伏伏，連自己都無法掌控，
捉摸不定人生的歷程，只好不了了之。

人生的目的，在於求得好死，
企求能夠心安理得地不了了之。

時刻遵循易理，不斷向上提升，
時時做好階段性調整，務求好死。

歷史可鑑，易理盛行時大家活得快樂，
不重視易理，各種亂象勢必層出不窮。

人有善性，也常動妄念，生出壞主意，
必須以理智指導感情，不斷提升品德修養。

一、人生離不開水深和火熱

水深火熱延伸出來的意義，便是我們常說的「東西」。從製造東西的歷程中，人類覺察出工具的重要性，因此明白「工欲善其事，必先利其器」的道理。不料對於「器」的日趨倚重，卻也導致「遠於道」的不良後果。大家重「器」不重「道」，於是製造出了很多不利於道的器具，可謂傷天害理。

從「道」的層次來看，人生的大道，離不開水深（各種艱難險阻）和火熱（種種溫暖、炙烤和煎熬）。有時候由水深奔向火熱，有時候從火熱投入水深。還有一些時候，水深火熱同時出現，讓人走投無路，感覺既無奈又無助。

「火熱」相當於現代所說的「壓力」，「水深」則有如現代所說的「風險」。人活在世上，一方面要承受來自四方八面的壓力，一方面則充滿了不確定感，正所謂「天有不測風雲，人有旦夕禍福」，似乎難以預測自己的未來。我們最好能將「火熱」當作內燃機，來點燃自己的動力，使自己充滿活力。既能照亮自己，也照耀著周遭的人、事、地、物；把「水深」視同重重的考驗，看看自己到底有多大的本事，經得起多大的挑戰？壓力大時，若是採取抗拒心態，勢必無法承受，分明是自找苦吃。不如改採順應的心態，將壓力轉化成有效的驅動力，反而能夠无咎。風險多，採取恐懼、逃避、敵視的態度，根本躲不過。倘若改採「人生本來就要經歷種種小考、大考的測驗，才能順利畢業。在學校應考慣了，到了社會上，多應考個幾次，又有何難？」的心態，既能妥善轉化壓力，又能以平常心面對艱難險阻。轉念之間，水深火熱就會變成喜悅愉快的天堂。

水深 ＋ 火熱 ＝ 生活

↓ ↓

考驗 ＋ 壓力 → 成功

↓ ↓

從小到大，
歷經那麼多次考試，
再多考一次，
又有什麼了不起？
以平常心看待，
自然感到輕鬆愉快。

從小到大，
承受過那麼多壓力，
就算壓力源源而至，
只要把它看成驅動力，
合理地加以轉化運用，
反而能夠獲得極大助益。

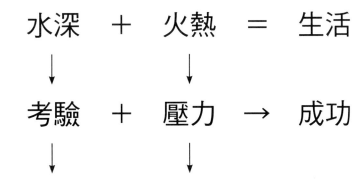

二・循環往復只能不了了之

既濟之後有未濟，表示循環往復永不停息，也唯有如此，才能夠生生而不息。因此，人類只能不了了之的命運，便很難有所改變。放眼看去，很容易發現人們在既濟時，由於事情進行得十分順利，心中充滿喜悅，於是往往心情鬆懈，警覺性降低，因而喪失了原有的憂患意識。

在這種情況下，非但耳裡聽不進真話，眼裡看不出變化，自己又和實際情況愈來愈脫節，很快便由既濟轉入未濟，從成功的狂喜落入失敗的深淵。若是身心經不起挫折，或者壽命有限者，忽然來到終點，是不是只好無奈地不了了之呢？即使求生的意志非常堅強，但大家會不會放心地讓他繼續奮鬥下去？恐怕也是身不由己，未必是自己所能夠掌控的。一般人處於逆境時，總是顯得十分聰明、機警，而且很願意協調；若是處於順境，往往「聰明一世，糊塗一時」，不知不覺中，便將自己的努力成果付諸東流。

若是想要擺脫不了了之的命運，就必須隨時隨地謹慎小心，保持高度的警覺性。然而，有話不敢說、有事不敢做，這樣過分標榜自己、愛惜自己的羽毛，其結果仍是另一種狀態的不了了之。若是因此被眾人指責為「極度的自私」，恐怕也是有苦難言、有口難辯。

人的壽命，基本上很難由自己做決定。有時候想死，卻偏偏死不了；即使用盡各種辦法求生，也有忽然間猝死的可能性。我們實在無法使自己的壽命和任務，做出合理且有效的配合，所以最好能夠坦然接受，視「不了了之」為一種無可奈何的宿命，然後再深一層追求化解之道，應該是比較合理可行的因應方式。

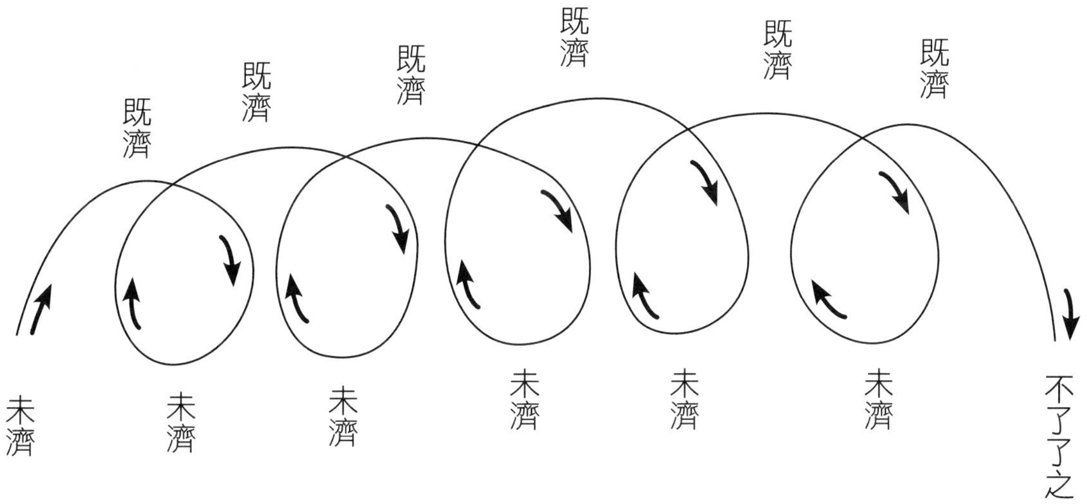
既濟
既濟
既濟
既濟
既濟
既濟
未濟
未濟
未濟
未濟
未濟
未濟
不了了之

三、人生目的即在求得好死

人類為了有效因應不了了之的結局，終於想出一種大家都喜歡的方式，那就是「追求永生」。「只要能夠永恆地生存，便沒有不了了之的困擾」，這樣的觀點，已經成為眾人自古以來的共識。然而雖然共識一致，但採取的方法則是大不相同。西方人走「神本位」路線，祈禱神的庇祐，以求得永生，而神也大膽開出「信我者得永生」的支票。儘管異教徒不認同，但教徒們卻堅信不疑，因此也就一直沿用迄今。中國人從伏羲氏開始，便倡導「人本位」，相信「求神不如求人，求人不如求己」。既然自作自受，一切靠自己終究比較安心。我們提出「立德、立功、立言」三不朽，藉著「活在後人心目中」的方法獲得永生。經由對祖先的崇拜、祭祀，使祖先能夠永遠活在子孫的心目中，因而得到了永生。

若是希望活在後人心目中，最方便的法門，就是在死後仍然有很多值得大家懷念的地方，我們把這種狀態稱為「好死」。中國人最惡毒的罵人話語，大概就是「不得好死」這四個字，令人聞之不寒而慄。所以身為中華民族的一分子，人生目標大多都是求得好死。全世界都在討論人生的目的是什麼？看來看去，比來比去，還沒有哪一個能比得過「求得好死」——既簡單又明瞭，而且讓人印象深刻，像易理那樣，值得大家用心省悟。

求得好死，並非不生病而死，也不是不出車禍、不受災害、不戰死沙場、不以身殉難……這些都不是；而是非常單純地，死得心安理得。只要問心無愧，上對得起天地、祖先、父母，下對得起子孫，毫無愧怍，即為死得心安理得，也就是求得好死。聽起來容易，卻是需要時刻依循易理而行，才能得到的善終。

- 求永生
  - 神本位路線
    - 祈求神的庇祐，得到永生。
    - 神開出支票：信我者得永生。
  - 人本位路線
    - 藉由立德、立功、立言三不朽，永遠活在世人心中，以獲得永生。
    - 只要大家心中有我，不把我忘記，我就永生了。

→ 還不如求得好死，來得更為方便。

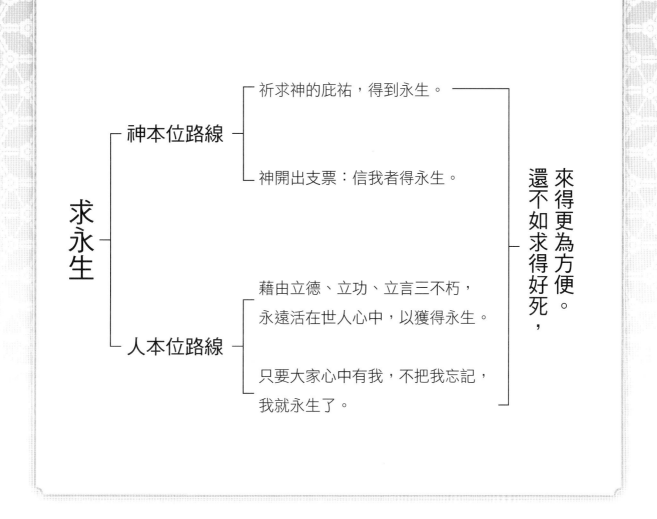

四．時時刻刻都要謹慎小心

人生最有趣的事情，莫過於我們都知道自己遲早會死，卻沒有人知道自己什麼時候會死？會是怎麼樣的死法？

我們很盼望能夠求得好死，偏偏人生的歷程，又是未濟、既濟、未濟……循環往復，令人難以把握。若是能在既濟的歡樂中，心安理得地死去，豈不是十分圓滿，求得好死？

偏偏「人生不如意事，十常八九」，「人算」真的常常不如「天算」。成功時不想死，失敗時想死卻死不了，接著成功尚未來到，卻已不幸嗚呼哀哉了！這些現實中的難題，要想妥善配合、協調、化解，恐怕只有一條路走，那就是「隨時隨地謹慎小心」。我們仔細觀察，當人們不了了之的時候，果然一陰一陽，出現兩種不同的現象：一是死不瞑目，眼睜睜地不了了之，看起來相當可怕；另一種則是心安理得，毫無愧怍，沒有絲毫牽掛地閉上眼睛，十分安祥地不了了之——後者正是我們所追求的狀態，能夠真正的求得好死。

由於死亡隨時都可能發生，所以我們只有一條路可走，那就是時時刻刻都謹慎小心，不斷向上提升自己。卦爻的「始、壯、究」，只是代表某一階段的進程。沒有人知道在自己的一生當中，究竟會有多少個「始、壯、究」，所以我們只好遵循易理，走完一個「始、壯、究」，再繼續走下一個「始、壯、究」。人生是階段性的調整，而每一個階段，都有不同的時、空和各種物質。我們應該採取什麼樣的精神、抱持何種心態、做出什麼樣的行為，才能真正合乎當時當地的理氣？這可說是對自己的最大挑戰。

人生是階段性的調整

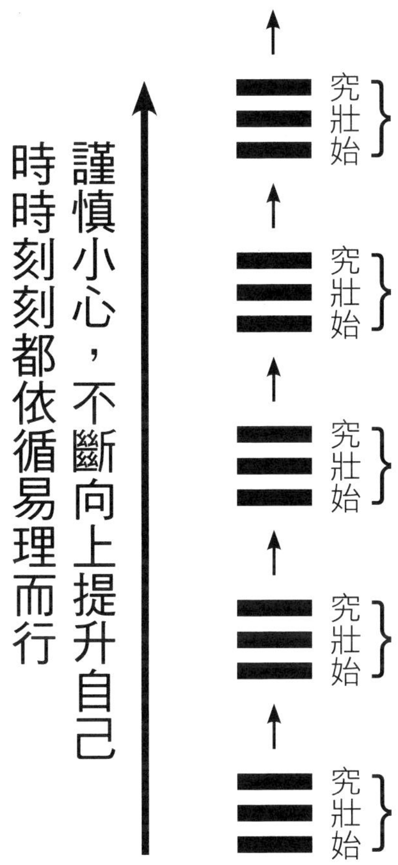

五．幸好人類是習慣的動物

或許有人認為，時時刻刻謹慎小心的人生，是不是過得太辛苦、太緊張、太麻煩了？難怪有人主張「人生苦短，不如及時行樂，今朝有酒今朝醉」；「人心險於山川，何不退隱避世，圖個安靜」；「人怕出名豬怕肥，何必汲汲營營打拚？」；「人到中年萬事休，養老保健最實在」；「人生如朝露，何必自苦？」；「人微言輕，說這麼多做什麼？」；「人情淡薄，連讀書人都不孝敬父母，還奢談什麼天理？」；「人亡物在，大家只想爭奪物品、財產，誰心中還記得誰？」……諸如此類的怨責和不滿，可說比比皆是。人不是應該活得自在、活得愉快、活得有意義、活得有價值嗎？為什麼還要念念不忘古老的易理呢？

幸好，人類是習慣的動物，例如「習慣於小心謹慎，已經成為自然，並不覺得辛苦。反而是不小心謹慎，才會覺得痛苦」；「習慣玩樂，不玩樂很痛苦，玩樂時才快樂」……養成什麼樣的習慣，不是由上天做主，而是由我們自己做主的。我們有選擇的權利，這才是真正的人權。究竟要不要依循易理？應不應該向上提升自己？是不是謹慎小心比較好？這些全都是由自己決定的。只要養成習慣，久而久之，習慣成自然，也就快樂自在了。

我們常說人有不同的人生觀、價值觀、宇宙觀，其實就是各有不同的生存方式。你走你的陽關道，我過我的獨木橋，按理說應當互不干擾，各行其是。然而，人是群居的動物，必須建立共識，產生公理，共同維護公義，以求和諧共存。易理便是因應這樣的需求而出現的，經過幾千年的考驗，已經為有識之士所認同。歷史也證明：在易理盛行的時期，大家安居樂業的榮景比較容易實現。

人是習慣的動物

養成習慣

↓

習慣成自然

↓

覺得自在快樂

歷史證明：在易理盛行的時期，大家能夠安居樂業。
若是不重視易理，便會亂象叢生，簡直防不勝防。

依循易理而行，應該是最合理的抉擇！

六．心是思想行為的總樞紐

習慣從行為來，一旦行為態度獲得良好的效果，便會逐漸養成習慣；行為態度從我們的觀念而來，具有什麼樣的觀念，就會產生什麼樣的行為態度；而心是觀念的代表，所以心是思想的總樞紐。我們的思慮、疑惑，經過心的過濾，去蕪存菁之後，終於定下心來，拿定主意，表現出自己所想要的行為態度。我們的人生，可以說是我們自己想出來的，心想事成，所以自己應該負起完全的責任。

《易經》的功能，主要表現在「心易」，用我們自己的心，來改變我們自己的行為態度。擺在我們眼前的，至少有三條途徑：其一是「向外」，持續向外奮鬥，求取各自所需。西方人比較喜歡這樣，導致能動不能靜，時時刻刻，都和外界接觸，也備受外來的影響所左右。其二是「向內」，持續朝向自己的內心，探究所冀求的真理。印度人很擅長這種方式，導致能靜不能動，最好什麼都不做，看看上天會怎樣處置？其三是「向上」，這是我們中華兒女最常選擇的途徑，不斷求上進。依循易理，持續地「始、壯、究」、「始、壯、究」，以期能夠提升自己，力求能動也能靜，而且動靜咸宜，至死方休。可惜我們長久以來，都把「向上」當做職位的升遷和權力的提升，偏離了易理的正道。《易經》的「向上」，其實是「向善」，不斷提高自己的善性，激發自己的善心，培養自己的善德，表現自己的善行，這才是易理所說的向上提升，否則便是向下沉淪。積善之家必有餘慶，是上天對我們的鼓勵。「自天祐之，吉无不利」，實際上是要先有具體自我提升的表現和實績，上天才會給予我們祐助。空等待是什麼都得不到的，凡事仍要靠自己。

事成：果然死得心安理得

↑

做好階段性的調整

↑

確立「德本才末」、「德本財末」的信念

↑

持續向上提升自己的品德修養

↑

以理智指導感情

↑

知道人有善性，也常有妄念

↑

相信「積善之家必有餘慶」的道理

↑

抱持「不以成敗論英雄」的心態

↑

明白「未濟」和「既濟」的循環往復

↑

心想：求得好死

我們的建議

1 在生活當中，體會「既濟」和「未濟」的滋味，培養「不以成敗論英雄」的心態，接受「成者為王，敗者為寇」的結果。以正確的價值觀，面對各式各樣的多元反應。

2 面對各種人、事、地、物時，不以自己的喜怒、偏愛或厭惡，來加以抉擇或評論。最好能夠依循易理，務求順應自然的規律，做出選擇性的取捨，以免產生先入為主的偏頗觀念。

3 未濟時沮喪失望，既濟時歡天喜地，原本就是人之常情，只要不過分，並不需要強加抑制。合理的節制與抒發，都有利於身心的舒暢。這種修養，有賴於平日的養心，使自己能從多欲轉為寡欲，由貪婪轉為安足。

4 加強自己的品德修養，以平常心看待既濟和未濟。「向上」以「向善」為主，而不是盲目爭取提升職位和增加權力。若是不向上提升，勢必向下沉淪。一旦不升反降，那就不免日趨下流。若是有朝一日，不幸發生不得好死的結局，實在是終生的莫大遺憾啊！

5 未濟是終而復始的希望，為既濟的一體兩面，六爻雖然不正，卻能夠內外相應。孔子到了七十歲，才能夠「從心所欲而不踰矩」，由此可看出既濟和未濟的深刻用意。

6 乾坤相交，乾卦的初、三、五當位不動，坤卦以二、四、上爻當位的爻，來進行交易，於是產生既濟——這是中、正、和、平所產生的良好結果，請務必用心體悟。

結語

不了了之，好像是人類共同的宿命。古往今來，不分中外，再了不起的人物，再不得了的英雄豪傑，莫不如此！然而深一層想，不了了之還是可以分成陰陽，那就是「不了」和「了之」。用「不了」來「了之」，果然是「一陰一陽之謂道」，人人都可以安心享受，不必擔心死不瞑目。

「不了」是「未濟」，而「了之」即是「既濟」。抱持「未濟」的心情，來面對「既濟」的成果，這樣的不了了之，便是功成不居的良好修養。本來就沒有什麼了不起，剛好碰巧，運氣好，居然有了初步的結果，還請大家多多鞭策、多加指導！這樣謙恭禮讓，就算「不了」，大家也會認為已經「了之」，普受歡迎而不生事端。

然而現代人只要稍有成就，便神經兮兮，趕緊申請專利，加強保護其智慧財產權。心中那一絲既濟的喜悅，早已因為擔心被盜用、懷疑被剽竊、憂心他人早一步完成登記手續而消失殆盡。弄得老師也要告上法庭，控訴學生抄襲他的作品，著實教人情何以堪？

放眼諾貝爾得獎者，多半皆為西方人士，可見主場魔咒果然居功不小。如果《紅樓夢》不能獲得大獎，便可知當今的文學作品，實在是比不上往昔。但是外國人看《紅樓夢》，連誰是誰都弄不清楚。一輩子從來沒有同時看到過這麼多人物，在同一齣戲劇中出現，乾脆不看算了！我們站在將心比心的立場，實在是不便加以苛責。

獲得諾貝爾獎，申請到智慧財產權，又能怎樣？到頭來還不是不了了之！年限到了，解禁了，很可能產生許多可怕的後遺症，誰也不敢用。諾貝爾獎得主，頂著大家信以為真的光環，覺得自己無所不知，更無所不通。不但知之為知之，不知也自認為知之，弄得人見人怨，自己也臉上無光，豈非不了了之？最好的辦法，還是從天地水火的變化，體會出既濟（了之）和未濟（不了）的轉化，妥善安排自己的生活，保持平靜的心情，既濟時居安思危，未濟時充滿希望，把周而復始，看成是生生不息的可喜現象。

根本的解決之道，則有賴於高度的自覺。人生的目標，在於求得好死。一生的所作所為，都應該用來提升自己的道德修養。一切以品德為本，本立而道生，才能接著處理各方面的枝節問題。現代人忘本，非但不敬天，不孝父母，也不重視自己的道德修養，反而只重視智識，倚重才能，培養技藝。本末顛倒，弄得自己神魂也跟著顛倒過來，終日緊張忙碌而無所得，豈能求得好死？倘若不得好死，積畢生成就又有何價值？中國人在蓋棺論定的那一刻，首先被注意到的，是這個人的品德，加減乘除結算一番之後，看看品德及不及格？若是不及格，其它成就便會一筆勾銷，從此不加評論，當然更不值得效法。若是品德及格，大家就會隱惡揚善。品德修養愈好，就愈是錦上添花，把所有缺失都掩飾掉了。外國人常覺得很奇怪，中國人怎麼差距這麼大？好的非常好，簡直是完人；壞的非常壞，根本就不是人！這和我們的評價方式，有著十分密切的關係。若是這麼大的壓力，都還無法激發大家重視品德修養，並不是我們的問題，而是這種道理尚不能普及，為大眾所明白知曉。但願我們的努力，能在此一方面有所助益，那才是全體人類共同的福氣！

我們的下一本書，要探究「易經的中道思維」，希望能有一些幫助。

《附錄》

人生過程比結果更加重要

一、人生的結果當然十分重要

人生的目的，在求得好死，也就是心安理得地回歸自己的原鄉，因此「慎始善終」，就成為我們研究易理、玩賞爻辭的主要目的。六十四卦，以乾坤兩卦居首，既濟未濟殿後，即在提醒我們：天地是我們的根本，不但不能污染環境，濫用資源，破壞社會風氣，而且還應當敬天法地，順應自然，保護環境，建設和諧、安樂、互助的人倫社會。然而，個人的局限性，使我們在生命有限、能力有限、機會也有限的種種限制下，即使盡心盡力，在既濟之後，緊接著仍舊又是未濟，任何人都無法擺脫這種不了了之的命運。

由於生命有限，所以大家都重視結果，也追求速效。嘴巴說長期規畫，心裡想的則是一、二年內就要還本。把合理、良心、道德置之一旁，專心一意，想要奪得人生的第一桶金。「生命」這個名詞，很可能是西風東漸，受到西學的影響後才開始出現的；而自古以來，中華兒女所重視的則是「性命」。因為「生命」泛指各種生物的存活時期，而「性命」卻僅限定於人類的生存。可見中華文化是以「人」為本，十分重視「人」的立場和尊嚴。這是中華民族的人權觀，表現得和西方人很不一樣。

乾卦（䷀）〈彖辭〉說：「乾道變化，各正性命。保合太和，乃利貞。」現代我們所推崇的全球化、地球村，實際上就是從這裡延伸出來的。人類的性命，既然是由乾道變化而來，宇宙為一大天，人便是一小天。人生的目的，就是把自己安放在整個天體運行中，順乎自然規則，做一個堂堂正正的《易經》君子。人人各正性命，扮演好自己的角色。保持合理的良心，合乎天理的要求，努力固守合理的貞操，自然就能天下太平，萬國咸寧。

《易經》六十四卦三百八十四爻，都在致力於促使我們提昇自己在宇宙間的地位，發揮對天地萬物的影響力。每卦六爻，卦中的每一爻都代表「小天」，六爻組成的卦即為「大天」；每一卦都是「小天」，六十四卦合起來為一「大天」；六十四卦為「小天」，超越六十四卦的大象，便是一「大天」。每一個人，都具有「小天」和「大天」，也就是「小太極」和「大太極」兩種身分，必須兼顧並重，不偏於大天或小天。有時候左右為難，只好委屈求全。我們看起來很矛盾，實際上是陰陽協調的結果。有時候這樣，有時候卻那樣，是為了避免「孤陽不生，獨陰不長」。一以貫之，是原則一致，卻也不停地在持經達變。

人生所追求的結果，都是一樣的，也就是「下學而上達」。但是每一個人，都具有不一樣的局限性，現代稱之為「個別差異」，因此各人所獲得的結果，方向相同而造就不同。

二、結果不同過程最好一樣

子曰：「下學而上達」，「下學」是指「明象位」，經由設卦觀象，玩賞爻辭，透過時位和性質的變化，做好不同階段的合理定位，也就是充分瞭解自己此時此地的特殊情況；而「上達」則是「立德業」，尋找此時此地的立足點，做出合理的言行表現。時時如此，便合乎《易經》「時中」（時時刻刻都合理）的要求，能成為一位心安理得的《易經》君子。

這樣的過程，若說每個人都一樣，從理則上看，確實如此。但實際上，每一個人的象位不同，所能立的德業也不一樣。所以，若說每個人的過程都不相同，也是符合事實。

《易經》的「不易」和「變易」同時存在，從我們做人做事的真實情況中，可以獲得充分證明。說中國人保守不變，對；說中國人變來變去，很善變，也對。西方人說我們很複雜，實際上，是他們的腦筋相對太僵化，不夠靈活。我們則是運用得十分純熟，覺得很簡易，絲毫都不麻煩。

現代年輕人深受西方的影響，認為在中國社會，做人做事都很麻煩，不如西方那樣簡單明瞭。抱持這種想法的人，更需要儘快研習《易經》的道理，以求能夠及早恢復靈活的腦筋，做一個靈光的人，這才是真正的向上提升，使自己不斷地「上達」。

人生的過程，若從「不易」的角度來看，人人都一樣，那就是：不斷地做出選擇。因為擺在我們眼前的，永遠有陰就有陽。軀體的局限性，使我們分身乏術，無法同時走上陰陽這兩條道路。於是，「如何做出合理的選擇？」便成為我們趨吉避凶的謹慎法則——時時以坤卦初六的「履霜堅冰至」來提高警覺，以乾卦初九的「潛龍勿用」來尋找眼前可用的方式，做出合理的反應。

做人的目標十分簡易：持續求取上進，務求死得心安理得，毫無愧怍。做人的結果相當一致：盡人事聽天命，能做到什麼地步，便適可而止，不強求，更不能自暴自棄。做人的原則似乎也很簡單：不要和別人比，因為各人有不一樣的局限性，根本沒有辦法比，也不需要比來比去。我們所要做的，是同自己比。每天有一些長進，內心就會十分悅樂。凡事但問應不應該，不問喜不喜歡。最好培養出「喜歡應該的事情，不喜歡不應該的言行」這樣的性格，適當地做出合理反應，以求能夠安身立命。做人的過程，相對要複雜很多，往往一步錯全盤皆輸，因此更值得我們重視。

慎始善終，便是重視過程的最佳詮釋。一開始就慎重選擇，第一步就邁向正途，以期走上合理的人生途徑。然後步步為營，時時提高警覺。遇有風吹草動，立即冷靜地做出分析判斷——現在的象位如何？應該怎樣修德進業？抱持這樣的態度，盡人事以聽天命，不論結果如何，實際上都能心安理得，求得好死。

三、做人應該不怕麻煩才能上進

中華民族很早就進入農業社會，使我們充分意識到：唯有實實在在做事，規規矩矩做人，大家和諧互動，才能獲得安足的生活。我們不求富強，卻重視安足。我們深知若要社會和諧，大家就必須遵守天道。我們更明白：互助比競爭更有利於群居生活。一般動物只有本能而缺乏智慧，不得不競爭，以求優勝劣敗，適者生存。人類有智慧，應該互助互惠，照顧弱小，使大家都能夠和諧共存。

我國歷史，自洪荒以至周末，稱為上古。具有十分完美的政治，至為高深的理想，以及純粹自然的倫理。然而周朝以後，好像一代不如一代，難道真的今人都不如古人？黃帝堯舜垂衣裳而天下治，說得那麼好聽，到底是真還是假？我們稱讚自己不斷進步，是不是一種自我安慰？

周文王被商紂王囚禁在羑（ㄧㄡˇ）里，他心中所懸念的，正是這些問題。因為文王畢竟是上古時代的人士，對於當時的狀況，遠比我們更加清楚。他並沒有反叛的意思，也不想推翻紂王的政權。他只是希望，能夠透過易卦的詮釋，對紂王提出建言，促使紂王回心轉意，善待百姓，為民造福。當然，他也會想到，萬一自己逃不過此一劫難，至少可以把自己終生的體驗和領悟，藉著卦爻辭傳承予後世。

文王心中所想，應該是黃帝、堯、舜那麼良善的政教，為什麼會造成紂王如此的暴虐無道？聖君和暴君相較，為什麼差這麼遠？後來，文王不得不討伐商紂，建立周朝，這和中華民族的演化，具有十分密切的關係。因為我們現在所知的政治、文藝、信仰、典禮，都是周朝所創。文王的兒子周公，集黃帝、堯、舜、禹、湯的大成，使周朝成為中華民族的盛世，距今已有三千年之久。

卦爻辭的主要用意，在於提醒我們：老老實實做人、規規矩矩做事，固然是正道，然而有陰就有陽，有正必有邪，這樣的正道，必然會引發「不老實的人欺負老實人；不規矩做事，有時反而獲得更多利益」的邪道，因此害人之心不可有，而防人之心則不可無。

我國的上古時期，可以分成兩朝。自洪荒至周初，並沒有信史，引起很多人的懷疑。寓言和實際的情況，實在分不清楚，我們不能說它是確有其事，實在有那樣的佳境。而周朝到戰國時期，已經有明文記載的歷史。周文王擔任西方諸侯的首長，稱為「西伯」的時候，能夠遵循古聖先賢所建立的事業基礎和法規，以仁厚為施政的原則，敬老尊賢，愛護幼小。四方的賢士，包括遠方的伯夷、叔齊也前來投效，紛紛來到周國定居。周文王修明政治，為百姓著想，將周國建設成一個禮義之邦。當時列國間有任何糾紛，大多委請周文王評判。在大家的心目當中，已經公認周文王有資格成為天下的共主。他自己所寫的卦爻辭，實際運用在施政和生活當中，都獲得了十分合宜的效果。

文王死後，武王繼任，聯合諸侯滅了商朝。戰爭過後，對於殷商遺民採取安撫政策，使其在亡國之後，仍能各居其宅，各耕其田，各安其業。事實上，這也是依據《易經》的道理，發揮寬待戰敗者的仁慈精神。武王死前，由於兒子姬誦年幼，有意傳位給弟弟周公，但周公不願意接受。後來姬誦繼位成為周成王，周公輔佐其治理朝政，興禮樂、改制度、封同姓，使周朝漸趨富強。從周成王到兒子周康王這兩代，可說是周朝的盛世，史稱「成康之治」。

文、武、周公所依據的治理原則，可說完全是來自於《易經》的道理。首先要具有憂患意識，時時提高警覺，防患於未然。遭遇艱難險阻時，能夠鎮定從容，按照象位的變化，循正道建立德業。過程看起來相當麻煩，卻能獲得很大的功效，並減少許多不良的後遺症。

既濟、未濟卦啟示我們，在求取成功的過程中，往往會種下很多導致日後失敗的因子。而成功後的得意忘形，正好帶給這些失敗因子作惡為害的機會，以致成功反而成為失敗之母。所以，我們必須以乾坤二卦為做人處事的根本法則，時時不忘「龍德」和「牝馬之貞」的重要性。隨時隨地，掌握持經達變的精神。時常自我反省，尋找自己的合理定位，然後適時加以調整，使言行舉止都能切合時宜，促成良好和諧的人我關係。互助互惠並講求倫理，務求人人都能過著安足的生活。

要達成這樣的理想境界，我們就不能怕麻煩，以避免落入凡事但求簡單明瞭，卻處處粗心大意的陷阱之中。倘若因此造成不安，一旦面對艱難險阻的挑戰時，恐怕就會難以因應了。

何況麻煩與否，完全只是心態問題。覺得這樣做很麻煩，就會產生不耐煩和厭惡的心態；認為這樣做很有趣，壓力自然就會減少，化解危難的能力也會提高，如此一來，也就絲毫不覺得麻煩了。實際上熟能生巧，加上人本來就是習慣的動物，只要養成習慣之後，再麻煩的事也會覺得不麻煩。一旦有了「易簡」的感覺，在「不易」和「變易」當中進行交易，就能夠拿捏到合理的尺度。提升成效，應該是其樂無窮的高度藝術，不但可以修己安人，而且可以同享其中的樂趣，使大家活得更有意義，也更有價值。

四、變易之中應該堅持不易的法則

既濟、未濟，告訴我們人生的過程，本來就是起伏無常。既濟之中有未濟，未濟之中也有既濟。因此秉持乾、坤二卦的基本法則，做為經常不易的「經」，然後審視各種內外環境的變數，做出合理的調整，以求「權」宜應變，就成為《易經》君子隨機應變而不投機取巧的不二法門，我們稱之為「持經達變」，也就是「以不變應萬變」，此乃中華民族屹立不搖的最高智慧。萬變不離其宗，永遠以《易經》的道理做為依據，隨著時代的變遷而日新月異，以求應時制宜。

《易經》的「不易」，便是我們的生活法則；《易經》的「變易」，即為可變的生活方式。中華民族深知自然規律不可能變易，否則萬物將難以適應而不知所措，因此領悟出「生活法則不宜變易」的不易至理，也明白自然現象隨時都在變易，才能循環往復而生生不息。所以我們的生活方式，也應該隨著時代的變遷，做出合理的權宜應變，以求適應而安足。我們不敢數典忘祖，即在表示充分尊重永久而普遍的不易生活法則。否則，一旦生活法則有所變易，中國人就可能變成非中國人了。而我們倡導適應環境，必須唯變所適，不可為典要，便是指在應該求新求變的部分，要能夠繼舊開新，依據不易的原則來做出合理的變易。

我們說中華兒女是《易經》民族，此一觀點並不為過。因為數千年來，中華文化得以綿延不絕，沒有出現斷層、不連續的現象，即是由於「變易」和「不易」的交易，十分簡易而有效。七千多年前的《易經》思想，為什麼到現代仍為大家所重視？便是由於現代的生活方式，固然與伏羲氏當年大不相同，然而不變的生活法則，卻始終延續迄今，不可能改變。

人生的過程，在掌握不易的生活法則，隨時透過變易的生活方式，做出合理的交易，以求得合乎時宜，無過之與不及的「時中」。人生的結果，由不斷的交易所累積而成。富強與否，只不過是結果的評核；安足的心態，才是對於過程的享受。我們不必時時期待結果，以免喪失品味過程的樂趣。過程重於結果，表示不以勝敗論英雄。無論結果如何，只要過程問心無愧，就算成王敗寇，我們也都能了無遺憾地接受。求仁得仁，甘之如飴，只要抱持這種心態，便能隨遇而安，也是一種難得的安足。

人類的知識，不斷在進步當中；而我們的智慧，則是歷久常新。我們都知道，智慧能夠遺傳，所以「龍生龍，鳳生鳳，老鼠的兒子會打洞」。但是知識不能遺傳，必須由淺入深，從頭學起。知識會隨著時間、空間而產生變化，屬於「變易」的部分；智慧則是恆久不變，關鍵只在於是否獲得有效的啟發，屬於「不易」的部分。知識最好能配合智慧的掌控，以期運用得宜；智慧最好適時開啟，才能明辨知識的真偽和效用。人生的過程，實際上就是智慧和知識的交易變化。一切操之在我，當然值得重視。一切自作自受，自己的所作所為，自己要盡情地享受，這才叫做快樂人生。一生都在享受過程，當然其樂無窮！

五、結語與建議

「持經達變」是中華文化最高明的應變機制。「經」是「不易的常則」，「變」指不斷地唯變所適，即為「變易的現象」。「經」是人類的智慧，代代遺傳不易；「變」是人類的知識，時時都有新的發展。我們能夠不斷地繼舊開新，關鍵在於有「不易的生活法則」，用以調整「變易的生活方式」。所以中華文化在持續中有變化，在變化中能夠保持連續性。我們的保守，來自於「不忘本」的崇高精神，代代都能慎終追遠。對於首開惡例者，大家會追隨孔子的方式，憤怒地指責他為「始作俑者」，還詛咒「其無後乎！」讓這種人絕子絕孫，以警惕其他不知堅守原則、胡亂改變，導致不良風氣的害群之馬。

我們的日新又新，表現在明白道理的人，知道經常的生活守則，千萬不可以胡亂地加以改變。堅持以不變（的生活法則）應萬變（的生活方式）。有智慧地活用知識，當然能夠學以致用，達到利用厚生的效果。

「利用」是適當地發揮物質的功能，也就是將科技發展的成果，妥善地應用在有利於人類生活的正當途徑。「厚生」是善於合群，也就是科技發展的成果，必須由全體人類所共享，不應當只是把持在少數人手中，成為聚斂財富的工具，造成不幸的M型化社會。

利用厚生，需要以正德做為基礎，才能夠安全而有效。所謂的「正德」，便是「修己」，把自己的良心，也就是仁愛之心，透過犧牲奉獻的服務精神，表現在利用厚生的層面。

我們也可以說，人生是「正德、利用、厚生」的歷程。在過程中，不是水深火熱，便是火熱水深，都離不開坎、離二卦，也離不開既濟中有未濟、未濟中有既濟的變化。

結果是由點點滴滴的過程所累積而成的。人生苦短，是一種無奈的局限性，人人都一樣，並沒有例外。急於追求結果，豈不是縮短自己的性命？自己想想，都會覺得好笑！不如在有限的性命歷程中，創造出更為長久的安足生活。我們常說「好死不如歹活」，就是這樣的心情寫照。

我們衷心建議：新文化是「變易」的表現，而舊道德則是「不易」的基礎。我們為了適應內外環境的種種變遷，不得不做出合理改變，以期建設新文化。但是，一切一切都在變，只有人性永遠不會變。因為人性若是改變，人就不像人了！那不是我們所想要的結果，必須時時刻刻引以為戒。人性不變，舊道德歷久而彌新。若是能以舊道德（正德）做為「修己」的基礎，以利用厚生達成「安人」的目標，便是現代人最理想的修養準則。不論如何，目標不能改變，過程則是隨時持經達變。至於結果如何，只要盡人事以聽天命，根本就用不著去猜測、預估或是求神問卜，因為時時刻刻，總是感到心安理得，即使「不了」，也可以坦然地「了之」。

《經典傳承》系列

《易經經文班》

Course for the Text of I Ching

《易經》六十四卦、三百八十四爻，並非靜態呈現，而是彼此互動，有快有慢、時時變化。每一卦、每一爻，都是生命的入手處，想要有效學習、深入瞭解，最好能夠從熟悉經文開始。

《易經繫辭班》

Course for the Great Commentary of I Ching

人生長於天地之間，必然會受到天地以及陰陽之氣的交互影響。《繫辭傳》說：「有天道焉，有人道焉，有地道焉，兼三才而兩之。」——所有中國哲學的思考，都沒能超出這個範圍。

《易經》其大無外，其小無內；廣大精微，無所不包，64 卦 384 爻 4096 種變化，是解開宇宙人生的終極密碼。能打造出一個內建《易經》智慧的大腦，等於是和宇宙能量接軌，取之不盡，用之不竭，絕對是您今生最睿智的投資。

古人有言：富不學，富不長；窮不學，窮不盡。人不能不學習，既然要學，就要學最上乘的智慧，才不會浪費時間。曾仕強文化擁有最優秀的黃金師資陣容，課程深入淺出，一點就通。誠摯邀請您即刻啟動學習，一同進入「易想天開」的人生新境界！

《老子道德經》

Course for Lao-tzu's Tao Te Ching

「知人者智，自知者明；勝人者有力，自勝者強。」《道德經》短短五千餘字，談的都是人間行走的智慧。老子告訴我們：先把做人的基礎打好，未來的人生道路，就會比較易知易行。

《孫子兵法現代應用》

Modern Application of Sun-tzu's The Art of Warfare

「善動敵者，形之，敵必從」；「善戰者，求之於勢」。「形」與「勢」，是作戰前必先考量的策略面。《孫子兵法》是中國最早的謀略兵書，能教你佈形造勢，知己知彼，百戰百勝！

《史料未及》

The Unexpected Records of The Grand Historian

針對《史記》近百位歷史人物，結合《易經》智慧做精彩分享。讀經典學觀念，讀歷史學做法，可謂乾坤並重、知行合一。在生命中的某一刻，能與千古智慧相遇，絕對是幸運無比的！

「解讀易經的奧祕套書」全系列共 18 冊

- 卷 1《易經真的很容易》
- 卷 2《易經的乾坤大門》
- 卷 3《人人都不了了之》
- 卷 4《易經的中道思維》
- 卷 5《轉化干戈為玉帛》
- 卷 6《人生最難得有情》
- 卷 7《生無憂而死無懼》
- 卷 8《通就是宇宙真理》
- 卷 9《解開宇宙的密碼》
- 卷 10《還自然一個公道》
- 卷 11《易經由象數推理》
- 卷 12《道德是最佳信仰》
- 卷 13《易經的占卜功能》
- 卷 14《因果使社會安和》
- 卷 15《易經與河圖洛書》
- 卷 16《誠意溝通天地人》
- 卷 17《出類拔萃多靈氣》
- 卷 18《革故鼎新好創意》

書籍洽詢專線:02-23611379 / 02-23120050